日本調理科学会 監修　クッカリーサイエンス 008

泡をくうお話
─ふわふわ, サクサク, もちもちの食べ物─

お茶の水女子大学名誉教授
畑江 敬子 著

建帛社
KENPAKUSHA

写真　土田美登世

上から：ベイクドアラスカ，蒸しパン・ケーキ，山かけそば

まえがき

　デザートは生活の楽しみとして，老若男女，皆に好まれる食べ物である。そのデザートのあれこれを，ちょっと数えてみると，洋風では，アイスクリーム，スポンジケーキ，クッキー，パイなど，和風では，お汁粉，まんじゅう，どらやき，わらび餅，団子など，枚挙にいとまがない。

　これらは，小麦粉，あるいは米粉などに副材料を加えて加熱し，ふわふわ，サクサク，もちもちした口触りを持たせた食べ物である。

　何によって，ふわふわ，サクサクになっているかというと，調理過程で抱き込まれた泡の空気が，加熱時に膨張し，泡のあった部分が気孔，あるいは空洞として残った構造によっている。

　ほかにも，泡でふわふわ，もちもちした口触りをもつ，メレンゲやはんぺんなど，ちょっと周りを見ると，私たちは，泡を含む食べ物に取り囲まれている。

　はじめは，軽い気持ちで，泡とおいしさの関わりを，一般財団法人製粉振興会発行の広報誌，"製粉振興"に書かせていただいた。ところが，次から次へと泡と関係のある食べ物に興味がわいてきて6年以上も続いてしまった。それらに加筆して今回の出版物とした。

　しかし，他のクッカリーサイエンスシリーズの出版物に比べ，ページが大幅に超過し，半分しか載せることができなかった。

　そこで，本書では加熱による泡の膨張を利用した食べ物に的を

絞り,残りは"はじける泡,はしゃぐ泡,重なる泡,沈黙の隙間"というタイトルで,前勤務校のお茶の水女子大学E-bookサービスとして,置かせてもらうようお願いすることとした(適当なウェブブラウザーから http://www.lib.ocha.ac.jp/e-book/list_0005a.html にアクセスして下さい)。もし,本書の内容に興味を持って下さったなら,そちらも,ご覧いただけると,有り難い。

　また,本書は費用の関係から,口絵以外は画像をカラーで示すことはできなかった。食物に関しては,その色も情報として重要である。そのため,本書に掲載した画像はまとめて,"泡が作るふわふわ,サクサク,もちもちの食べ物画像資料集"として,やはり,お茶の水女子大学E-bookサービスとして,置かせていただくよう,お願いしているところである。

　どちらも,ご覧いただければ幸いである。

　なお,本書は教科書ではないので,筆者の興味の赴くままに好き勝手に書かせていただいた。そのため,全体を網羅しているわけではなく,抜けているところが多々あることをお許しいただきたい。また,筆者の思い違いや,誤りなど,お読みいただいた方からのご叱正を,お待ち申し上げている。

　最後に本書の出版に当たり,校閲,データの提供,写真の提供,本書の構成など,大勢の方にご協力頂いた。また,刊行委員の香西みどりお茶の水女子大学教授にお世話になった。非常に有難く,この場を借りて,皆様にお礼申し上げる。

2017年4月

畑江敬子

目次

第1章 泡・泡立て　　1

1 泡 …………………………………… 2
- 泡とは？ *2*
- 泡の効果 *3*
- 泡の生成方法 *5*

2 泡立て …………………………………… 5

第2章 泡立て卵白　　7

1 卵白の泡立て …………………………… 8
- 泡立て卵白の触感 *8*
- 泡立てるボウルと泡の安定性 *10*
- 泡立て卵白はなぜふわふわか *12*

2 メレンゲ ………………………………14
- スイスメレンゲ *14*
- イタリアンメレンゲ *15*

3 イル・フロッタント ………………………16
4 淡雪羹 ……………………………………18
5 ムース ……………………………………19
- いろいろなムース *20*

6 ブラマンジェ ……………………………21
7 ベイクドアラスカ ………………………22

8　泡を含む層の熱の伝わり方 ………… 24

第3章 オーブン加熱による膨化　27

　1　パ　ン ……………………………………28
　　●あんぱんの登場　*28*
　　●パンの基本的な作り方　*30*
　　●パンの作り方と食感　*31*
　　●パンの膨化　*33*
　　●日本人の好きなパン　*34*
　2　スポンジケーキ ……………………35
　　●スポンジ生地の加熱中の変化　*36*
　　●スポンジ生地の構造　*36*
　　●スポンジケーキにおけるグルテンの役割　*39*
　　●スポンジ生地とバター　*39*
　　●スポンジケーキ類　*41*
　3　カステラ ………………………………42
　　●パン・デ・ロー　*45*
　　●カステラの材料配合　*47*
　　●カステラの物性　*50*
　4　パ　イ ……………………………………52
　　●パイ生地の作り方　*52*
　　●パイ生地の加熱　*54*
　　●練り込み式パイ　*55*
　　●アップルパイ　*56*
　　●ブーシェ・ア・ラ・レーヌ　*57*
　　●ヨークシャープディング　*59*

- ●シューとヨークシャープディングの違い　*61*
- ●中国式パイ（スウピン）　*62*

5　シュークリーム　………………………*65*
- ●シューの作り方　*65*
- ●一次加熱　*66*
- ●二次加熱　*67*
- ●シュー生地の膨化　*67*
- ●シュー生地の気泡分布　*69*
- ●シュー生地における小麦粉成分の役割　*70*
- ●ルウ法によるシューペースト　*71*

6　スフレ　……………………………*72*
- ●チーズスフレ　*73*
- ●ジャガイモのスフレ　*75*
- ●もう一つのジャガイモのスフレ
  （ポム・スフレ）　*76*
- ●ジャガイモのスフレを成功させる条件　*77*
- ●ジャガイモを揚げる条件　*78*
- ●ジャガイモのスフレ膨化のメカニズム　*78*
- ●シェフの見たフランスのポム・スフレ　*79*

7　ビスケット・クッキー　………………*80*
- ●ハードビスケットとソフトビスケット，
  クッキー　*80*
- ●クッキーの材料配合と品質　*81*
- ●ビスコット　*84*
- ●アニスブレデル　*85*
- ●アニスブレデルの作り方　*85*

第4章 揚げ加熱による膨化　　　　　89

- 1　ドーナツ …………………………………90
  - ●2種のドーナツ　*91*
  - ●ケーキドーナツの膨化　*91*
  - ●ケーキドーナツの亀裂　*92*
  - ●亀裂のないドーナツ　*93*
- 2　かりんとう ……………………………94
  - ●かりんとうの破裂　*94*
- 3　油　条 …………………………………96
  - ●油条の作り方　*97*
- 4　油揚げ …………………………………99
  - ●油揚げの二度揚げ　*100*
  - ●いなりずし　*101*

第5章 蒸し加熱による膨化　　　　　103

- 1　オーブン加熱と蒸し加熱 ……………104
- 2　蒸して作る菓子 ………………………105
  - ●蒸しパン・蒸しカステラ　*105*
  - ●中国料理の蒸し菓子　*106*
  - ●中華まんじゅう　*108*

第6章 ヤマノイモの泡　　　　　111

- 1　ヤマノイモ ……………………………112
  - ●ヤマノイモの生食　*113*
  - ●とろろ　*114*

●芋粥　*116*
　2　ヤマノイモの起泡性を利用した食品‥118
　●かるかん　*119*
　●薯蕷（じょうよ）まんじゅう　*120*
　●薯蕷蒸し　*121*
　●がんもどき　*121*
　●はんぺん　*123*
　●しんじょ　*125*

さくいん ……………………………………………127
イラスト　いさかめぐみ

第1章
泡・泡立て

泡とは流体で気体を包んだもの

1 泡

泡には味もにおいもほとんどないし，硬さも粘性もない。泡は栄養素を含んでいるわけでもないのに，ほぼ毎日，しかも多量に食べている。そして，私たちは泡が食べ物をおいしくしたり，まずくしたりすることを知っている。それ故に，私たちは昔から，泡の大きさや量を変えたり，寿命を調節したりする工夫を凝らして食べ物をおいしくしてきた。

●泡とは？

泡はサンズイに包むと書く。流体で気体を包んだ物が気泡（bubble）である。

気泡がたくさん集まると泡沫（foam）となる。どちらも「泡」である。

コーラやガス入りミネラルウォーター，シャンパン，ビールなどの気泡は，液体の中にある二酸化炭素である。卵白を泡立てたメレンゲは卵白の薄い膜で包まれた泡沫である。アイスクリームは泡を囲んでいた膜中の水が凍って泡の形を保ったものであり，これらの泡の正体はどれも空気である。その他にも，パンや菓子は二酸化炭素や空気の泡を囲んでいた，タンパク質や炭水化物などの膜が加熱によって固化したものである。つまり，液体やタンパク質，炭水化物などを食べるときに同時に，二酸化炭素や空気を食べているといってもよい。

これらの泡はどれも，食べ物の中に取り込まれて食べ物をおいしくしている。
　それでは，これらの泡はどのようにして食べ物をおいしくしているといえるのだろうか？
　まず，わたしたちはどのような食べ物をおいしいと感じるのだろうか？　食べ物のおいしさの要因として，外観，味，香り，テクスチャー，温度があげられる。テクスチャーとは食べ物の物理的特性がもたらす感覚で，食べたり，飲んだりしたときの，硬さ，なめらかさ，もろさ，粘り，のどごしなどの感覚である。泡は特に，このような感覚に大きく関わり，ひいては外観，味，香り，温度に影響を与え，それらが好ましい時においしいと感じているといってよい。

●泡の効果

　泡の効果をまとめると，次のようなことが考えられる。
　①泡を含む飲み物では，喉を通過するときに，感じられるシュワシュワ感や，泡が液体の表面ではじけるときの音が爽快感を与える。
　②表面積をひろげる。
　泡は表面積をひろげ，舌に触れる液体を少なくする。
　その結果食品は軽くソフトな口触りとなる。
　③空気を遮断する。
　グラスの上にのったビールの細かい泡は，空気と液面の接触を妨げるので，ビールが酸化して品質低下することを遅らせることができる。

④熱を伝えにくい。

空気の熱伝導率は水よりも小さく,熱を伝えにくい。そのため,口に入れた時の食品の冷熱感を緩和する。

⑤ショックを吸収する。

空気は水に比べ,一定圧力をかけたときの体積の減少率が大きいので,空気の部分が体積を小さくして衝撃を和らげる。泡が衝撃を吸収するので泡を含む食品を食べたときに軟らかい食感となる。

⑥疎水性成分になじみやすい。

"あく",苦味成分などの疎水性成分は水分にはなじみにくく,気体である泡の周囲に集まり,泡とともに取り除くことができる。スープストックの"あく"は油脂が泡のまわりに集まり,その周囲を水溶性タンパク質が囲んでいる。"あく"を除くことでスープの味をよくする。ビールの泡は苦味成分を集め,液体部分の苦味を和らげている。

⑦気泡が気孔になって食品を膨化させる。

泡を含む食品を加熱すると,泡の空気の膨張に伴って体積が増加し,種々の膨化食品を作ることができる。パンや菓子などこれを利用した食品が多数ある。

⑧ふきこぼれや,鬆立ちの原因になる。

牛乳がふきこぼれたり,カスタードプディングの鬆の原因になる。

以上ざっと見ただけでも,適度な泡が食べ物をおいしくしたり,あるいは泡が食べ物をまずくしたりして,おいしさに大きく関わっていることがわかる。そこで,私たちは泡の大きさや

量，また，寿命を調節するすべを学び，食べ物をおいしくすることを工夫してきた。

　本書では，特に⑦に見られるような種々の膨化食品を中心に，泡の生成と役割について考えてみることにする。

● **泡の生成方法**

　泡の生成方法は大きく分けると以下の3種類になる。

　① **物理的方法**　　液体は沸点付近で水蒸気からなる泡を生成するので，加熱または減圧により沸騰させる。

　② **機械的方法**　　気体を通気したり，撹拌したりして空気の泡を生成させる。

　③ **化学的方法**　　イーストや化学的膨化剤を加えて二酸化炭素の泡を生成させる。

　これらのいずれか，あるいは組み合わせて泡を作り，食べものをおいしくしている，ということができる。

　なお，ここでは一般に広く用いられている「泡」という言葉で書いてきたが，次章以降は，「気泡」あるいは「泡沫」と書くことにする。

2　泡立て

　上で述べた気泡の生成方法のうちで，調理でしばしば行われる機械的泡立てについて考えてみる。

　水を撹拌してもうまく空気を取り込むことはできない。いく

ら撹拌しても水中では空気の気泡はすぐに消えてしまう。水は表面張力（界面張力と同じ。表面張力は特に液体と気体，液体と固体の境界部分をさす）が大きく，取り込んだ空気と水の界面ではできるだけ界面の面積を小さくしようとする力が働く。そのためわずかでも取り込まれた気泡がすぐ追い出されることになる。

　界面張力を小さくする性質を界面活性，界面活性をもつ物質を界面活性剤という。

　界面活性剤のような親水基と疎水基を持つものを水中に入れてある濃度以上になると，撹拌により空気を取り込ませようというときに，水の方に親水基を，内側に疎水基を配向して数個ずつ集まりミセルを構成する。このミセルの中に空気が入り込み，水の中に空気の気泡を保つことができる。

　もし，水の中にタンパク質などを溶かすと，多くのタンパク質は分子内に親水基と疎水基を持つので，界面活性剤として働き，水の表面張力を下げて，気泡を安定に保つ。

第2章
泡立て卵白

姿を変える卵白

1 卵白の泡立て

卵白を撹拌することにより水に空気を混ぜ込んで泡立てることができる。卵白の起泡力は卵白を構成するタンパク質のうち主として，オボグロブリンとトランスフェリンが卵白のpHによらず高いこと，また，卵白タンパク質の54％を占めるオボアルブミンは等電点付近で高いことが報告されている[1]。卵白を泡立てるときに，レモン汁や酒石英を加えるのはpHを等電点であるpH4.7付近に下げるためである。

卵白を撹拌していくと，初めは大きい泡ができるが，撹拌を続けると泡は砕かれて小さな泡となり，きめこまかい泡立て卵白ができる。

泡立て卵白をメレンゲというが，この言葉は1720年にスイス人のガスパリーニというシェフが最初に作ったので，彼の故郷のマイリンゲンにちなんでつけられたという[2]。

●泡立て卵白の触感

泡立てることは表面積をひろげることになるので，表面積が大きい泡立て卵白は，食べた時に舌に触れる液体が少なくなるため，軽くソフトな口触りになる。卵の白身をそのまま口に入

1　中村良・佐藤泰：日本農芸化学会誌，35，386（1961）
2　シドニーパーコウィッツ，はやしはじめ，はやしまさる訳：泡のサイエンス，p.47，紀伊国屋書店（2001）

れた時と,泡立てた白身を口に入れた時とでは,別の食品といってもよいほど違う。

泡立て卵白はふわふわした口触りや,加熱すると気泡が膨張すること,熱の伝わり方を遅くすることなどを利用して,いろいろな料理や菓子に使われている。

今では泡だて器も電動式のものもできて,卵の泡立ても楽になった。

児童書のローラ・インガルス・ワイルダーの自伝的物語の一冊である「この楽しき日々,下巻」の中に,主人公ローラが,母ちゃんが白いケーキを作る手伝いをする場面がある。お皿に卵の白身を入れて,母ちゃんがちょうどよいかたさだというまでフォークで泡立てた。それはずいぶん大変な作業だったのではないかと思う。私の腕のほうがもっとかたくなっちゃった,といって,ローラは自分の右腕をもんだ,とある[3]。

せっかく泡立てた卵白も短時間に潰れてしまっては,話にならない。

泡立ちがよく(起泡力が高く),比重が小さく,安定性も良いことが良い泡立て卵白ということになる。しかも,撹拌のし過ぎも安定性を低下させるので,長く泡立てればよいかというとそうでもない。泡の体積が最大になる直前が適当と言われている。

なお,泡立て卵白の一つ一つの気泡は多面体であること,全

---

3 L.I.ワイルダー作,鈴木哲子訳:この楽しき日々,下巻,p.184,岩波少年文庫(1974)

体としてハニカム構造となっていることが観察されている[4]。

●泡立てるボウルと泡の安定性

経験的に卵白を泡立てるときに,銅のボウルを使うと良いと言われている。このことを確かめた実験がある[5]。

それによると,卵白を,ガラスボウル,ステンレスボウル,銅ボウルで撹拌したところ,起泡性にはボウルの影響は見られず,どのボウルも撹拌直後の体積は同じであった。

泡立て卵白をそのまま放置して,一定時間ごとにどのぐらい水が分離されて出てくるか,時間経過と離漿量の関係を測定した。

その結果,銅ボウルの泡立て卵白が水の分離が最も少ない,つまり,安定性が高いことがわかった。ガラスボウルと銅ボウルの気泡を顕微鏡で観察すると,銅ボウルの方が時間がたっても気泡の合一は少なく,気泡の大きさは小さく保たれていた。動的粘弾性を測定した結果によっても,銅ボウルのほうが動的粘弾性が大きく(弾力があり)気泡がつぶれにくいことがわかった。

そこで,Cuイオンの影響を知るために,オボアルブミンを用いて検討したところ,Cuイオンは起泡性には影響しなかった。これは,ステンレスボウル,ガラスボウル,銅ボウルで起泡性に違いがなかったことと一致する。Cuイオンは気泡の安

---

4 水越正彦:FFIジャーナル,213,468(2008)
5 S. Shimofuji, et al.:日本調理科学会誌,46,335(2013)

図2-1 銅ボウル（左）とステンレスボウル（右）でハンドミキサーで21分間泡立てた卵白（お茶の水女子大学調理学研究室）

図2-2 銅ボウル（上左）とステンレスボウル（上右）で21分間泡立てた後，15分間放置した卵白（**下は各々の拡大**）（お茶の水女子大学調理学研究室）

1 卵白の泡立て

定性を高めることに寄与していた。

オボアルブミンにCuイオンを加え，SDS電気泳動を行うと，分子量の大きいタンパク質のバンドが検出されたことから，分子間のS-S架橋形成を促進した結果であることがわかった。つまり，CuイオンはタンパクSHの2つのSH基の間にS-Cu-Sという強固な橋架けをして膜の粘弾性を向上させ，膜の安定性を向上させることがわかった。

一方で，卵白の泡沫は，泡立てすぎるときめが粗くなってくる。これは，S-S結合以外の気泡を安定化させていたタンパク質のネットワークがこわれて，逆に泡沫がぼそぼそしてくるためである。CuイオンによるS-Cu-S結合は他のネットワークの反応に比べると非常に強いので，他の反応をして泡沫がぼそぼそしてくることはない。

ステンレスボウルや，ガラスボウルに比べると銅ボウルが，時間がたってもきめ細かい安定な泡沫を保っているのはこのためである。

銅のボウルと同じような効果が銀メッキのボウルでも認められている。

●泡立て卵白はなぜふわふわか

卵白を泡立てると，体積が増加し，密度は小さくなる。卵白を泡立てる時間と密度の関係は表2-1[6]のように，時間を長くするほど，空気が沢山取り込まれて，密度は小さくなることがわかる。口に入れた時にはふわふわした食感となる。また，気泡は直径が小さく，数が多くなると固くなる。

さらに，表2-2[7]に見るように，空気の等温圧縮率は水の2万倍である。気泡は一定圧力をかけた時にその体積が水の2万倍も減少する。つまり，圧縮したときに気泡が衝撃を吸収

表2-1　泡立て時間の異なるメレンゲの見かけの密度と泡の体積分率（25℃）[6]

泡立て時間（秒）	見かけの密度（kg・m^{-3}）	泡の体積分率
0	1080±1.0	0.00
90	349±20.6	0.68
180	267±15.0	0.75
240	246±4.2	0.77
300	207±5.0	0.81

表2-2　等温圧縮率[7]

物質	温度（℃）	等温圧縮率*（MPa^{-1}）
空気**	20	9.87×10^0
水	20	4.59×10^{-4}
氷	20	1.3 ×10^{-4}
塩化ビニル***	20	8.0×10^{-6}
アルミニウム	20	1.46×10^{-8}

*等温圧縮率とは温度一定の条件下で1MPaの圧力を加えた時の体積の減少率
**理想気体とする
***材料の方向性がある

6　水珠子・長尾慶子：日本食品科学工学会誌，57，20（2010）
7　柘植秀樹・海野肇：「泡」技術，K books series，184，p.32，工業調査会（2004）

して変形するので，泡を含む食品を食べた時にはふわふわした食感を与える。

2 メレンゲ

硬く泡立て砂糖を加えた卵白を，小麦粉を振った天板かクッキングペーパーに絞り出し，オーブンで90〜120℃ぐらいの低温で時間をかけて焼いた白くて軽い菓子をメレンゲという。

図2-3　メレンゲ

●スイスメレンゲ

ここまでのべたメレンゲは卵白と砂糖を室温で撹拌しているが，「フランス食の事典」（白水社）によると，スイスメレンゲの記載があり，卵白と砂糖を湯煎にして泡立て，50℃になったら火からおろして硬く泡立てる。これを130〜150℃で乾燥させる，と書かれていた。

●イタリアンメレンゲ

　こちらはもっと高温で加熱したメレンゲで，卵白は撹拌による表面変性だけでなく，加熱によっても変性しているのでメレンゲは安定で，冷たいデザートに混ぜ込んだり，スフレの台にしたりする。ゼラチンを混ぜるとマシュマロになる。

　作り方は「フランス食の事典」によると，砂糖と水でシロップを作り，これを加熱して117〜120℃まで温度を上げる。これを，硬く泡立てた卵白に糸状に垂らしながら泡立てを続けて出来上がりとなる。

3 イル・フロッタント

卵白と砂糖を泡立てたメレンゲを塊状に成形して茹でるか，スチームオーブンで加熱し，これをカスタードソース（crème anglaise）の上に浮かせたデザートがある。クリーム色のカスタードソースの海にメレンゲの白い島が浮いているので，イル・フロッタント，浮島（ile flottante），あるいはウ・ア・ラ・ネージュ（œufs à la neige）という。

シエル・エ・ソルというレストランでウ・ア・ラ・ネージュがでてきたが，これは円筒形の島の外側をもう一回り大きい外壁が取り囲み，その間にカスタードソースが入っ

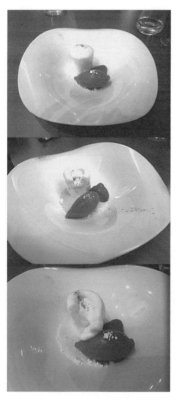

図2-4 レストランで供されたウ・ア・ラ・ネージュ 上：供されたデザート，中：スプーンで崩すと，下：外側と内側の壁の間からソースが出てくる

図2-5 イル・フロッタント

ていた。スプーンで島を崩すとカスタードソースがこぼれ出てくるというおしゃれなデザートであった（図2-4）。

　インターネットで見ると，デザート鉢に大きいメレンゲの島が一つ入っていて，カスタードソースの中に浮いている写真が出てくる。メレンゲの上にナッツを刻んで飾ったり，カラメルをかけたりしたものもあった。

　しかし，もう少し小さい島をたくさん作って，カスタードソースの海に浮かべても浮島である。この時は島と言わずに淡雪卵（blancs [d'œufs] en neige）ということもある。

　筆者はメレンゲを茹でる代わりに，スプーンで掬って成形し，電子レンジで加熱したが，こうすると簡単に作ることができる（図2-5）。ふわふわしたメレンゲに甘いカスタードソースを合わせて食べる。

　なお，経営的に言うと，お客に空気を食べさせてお金を取ることができるので，有利であるということであった。

4 淡雪羹

メレンゲを寒天液の中に保って固定させたものが淡雪羹である。気泡は寒天ゲルの中に保持され，気泡の入ったゲルの状態を長時間保っている。ゼリーの中に気泡が入ると，元のゼリーとは異なった美しさを楽しむことが出来るうえ，連続的な構造のネットワークが弱められるので口当たりはソフトになる。春の雪が口の中で溶けるようだというので，この名があるという。

寒天は海藻から熱水抽出した多糖類であるが，棒状，粉末状などの状態で市販されている。1〜2％程度の濃度になるよう（粉末状の場合はこの1/2），水に膨潤させ，これを加熱するとゾルになり，冷やすとゲルになる。

淡雪羹を作るときには，寒天液（寒天ゾル）とメレンゲを合わせる温度がポイントである。

メレンゲをゾルの温度が高いときに混ぜて冷やし固めようとすると，寒天ゾルの比重

図2-6 寒天液の温度が高いうちにメレンゲをまぜると，左側のように分離する

よりメレンゲの比重の方が小さいために，寒天液が凝固するまでの間にメレンゲは上方に偏り，気泡が全体に均一にはならない（図2-6左）。

そこで，寒天ゾルの温度が下がり，ある程度粘度がついてメレンゲが移動しにくくなる温度になったときに，メレンゲをまぜて型に流して冷やし，淡雪羹とする。1～2％の寒天ゾルが凝固する温度は約30℃であるが，寒天ゾルに砂糖が加えられるともっと高い温度でも凝固するようになる。凝固する温度より少し高い温度でメレンゲをまぜて，さらに冷やし凝固させる。このメレンゲを合わせる温度は室温にもよるが，40～45℃である。

5 ムース

寒天の代わりにゼラチンの中に気泡を閉じ込めて，淡雪羹の代わりにムースとすることもできる。

ゼラチンは動物の腱や，皮，軟骨など，結合組織のコラーゲンを抽出，分解したものである。粉末状，板状などの状態で市販されている。こちらも寒天と同様に，水を加え膨潤させたのちに加熱するとゾルになり，冷やすとゲルになる。

寒天は100℃で数分間加熱しないと完全には溶けないが，ゼラチンは溶解温度である40℃ぐらいでも溶けてゾルとなる。

ゼラチンの融点の低いことが，寒天ゼリーに比べ，ゼラチンゼリーが口溶けしやすい理由である。ゼラチンゼリーのゲルを

形成する温度は寒天より低く，15℃以下に冷やす必要がある。

　タンパク質であるゼラチンは，それ自体撹拌すると泡立てることができるが，泡立てた卵白や泡立てた生クリームなどを加え，冷やし固めてソフトな口触りを楽しむことができる。

　「フランス食の事典」（白水社）によると，

　「ムースは「苔，泡」の意味，泡といっても数が非常に多く細かい泡を示す。料理では主にホイップした生クリームや卵白を加えて軽く繊細な口あたりに仕上げたものを指す。」となっている。

　メレンゲをゼラチンゾルに混ぜて冷やすと，ムースとなる。レモン味のムースや，果物を加えたムースなどがある。

　このときメレンゲをゼラチンゾルに加える温度は，寒天ゾルの場合と同様に，高すぎると気泡が上の方に分離するので，ゾルが凝固する温度付近まで低下してから混ぜる必要がある。

●いろいろなムース

　事典では，他に，ムースの例としては，オマールエビやサケ，舌平目などの魚肉，またホイップクリームにシロップとフルーツのピュレを混ぜ込んだものなどが紹介されている。

　魚肉のすり身を作るとき，また，そこに卵白や生クリームを加えるときに，フードプロセッサーで撹拌するので，その際に空気が混ぜ込まれることになる。これをオーブンで湯煎にしてムースにする。

　魚肉のムースについて，冷凍オヒョウのすりみと生クリーム，卵白でムースを調製し，好ましい配合割合を調べた研究が

ある[8,9]。

　卵白を多く使ったムースは口当たりが，もそもそした感じになってしまうが，硬さにはそれほど影響しなかった。生クリームが増えるほどムースは軟らかくなった。軟らかく，凝集性が高く口あたりのよいムースの配合割合は，すり身，生クリーム，卵白の割合が，（50：50：0），（50：40：10），（60：40：0）であることがわかった。魚種について，マアジ，シロザケ，シログチ，ホタテ貝柱で検討したところマアジ以外は高い評価を得た。

6　ブラマンジェ

　でんぷんゲルに気泡を含ませた菓子がある。ブラマンジェがそれである。ブラマンジェとは，白い食べ物という意味であるが，コーンスターチを加熱して糊化させ，そこに牛乳とメレンゲを加え，型に入れて固める。どの材料も白く，できあがりも白いデザートである。メレンゲを加える温度は，でんぷん＋牛乳が60～70℃ぐらいにまで低下してからとする。コーンスターチの濃度は水（コーンスターチと同重量）と牛乳（コーンスターチの約9倍）の10%程度であるから，軟らかいゲルである。そこに，さらにメレンゲを加えるので，いっそう軟らかいデザートとなる。

8　三輪聡子：日本調理学会誌，32，179（1999）
9　下坂智恵 ほか：日本調理科学会誌，40，815（1989）

7　ベイクドアラスカ

　アイスクリームをスポンジ生地で包んでその周りをメレンゲで覆う。これを，オーブンの中で焼くデザートが，ベイクドアラスカである。

　表面のメレンゲには焦げ目が付いているのに，アイスクリームはとけない。

　"週刊朝日百科52　世界の食べ物北アメリカ"[10]の中に「ニューヨークの＜デルモニコ＞店で，最も魅力的なデザートはベイクドアラスカである。1880年にそこを訪れたあるイギリス人は「アラスカは焼いた氷だ。核はアイスクリーム，周りは泡立て卵白，食べる直前にオーブンに入れる。初めは温かいクリームのスフレかと思って食べていると，突然痛烈な感じで冷たい歯ごたえがして驚くと記している。」と書かれていた。

　ベイクドアラスカはずい分昔からあるデザートなのである。

　如水会館で会食をしていたときに，デザートにベイクドアラスカがでてきた。このときは，スポンジの台の上にアイスクリームというよりアイスキャンデーに近い硬く冷たいものをのせ，そのまわりを，メレンゲで覆って，そのメレンゲにバーナーではないかと思うが，焦げ目をつけたものであった。

10　朝日新聞社，世界の食べ物，週刊朝日百科 北アメリカ２, p.36（1981）

図2.7 ベイクドアラスカと，それを切ったところ
(中谷圭子氏製作)

8 泡を含む層の熱の伝わり方

なぜこんなデザートを作ることが可能なのかというと，鍵はメレンゲ層の断熱性にある。

理科年表によれば，100℃における空気の熱伝導率は水の1/20，熱伝導率の低いと言われるステンレスの1/520，銅のなんと1/12000である。このため，空気層を介した熱の伝導は，主にその空気の対流によることになる。空気のグローバルな対流は，空気を小さなセルに閉じ込めることによって妨げることができる。

例えばスポンジの熱伝導率は，硬いゴムの1/5になる。世の中の多くの断熱材と言われる物は空気の小さな泡をたくさん閉じ込めた構造となっているのはこのためである。

ここで取り上げているメレンゲは良い断熱材となっているため，熱いオーブンにメレンゲで包んだアイスクリームを入れても，熱はなかなか芯のアイスクリームの所まで伝わらない。やがてメレンゲが熱によって固化するが，アイスクリームは融けないで冷たいままでいる。外からバーナーで焦げ色を付けたり，演出としてグランマルニエやキルシュのような酒を上からかけて火をつけたりしても，中のアイスクリームは平然として冷たいままでいられるのである。

ベイクドアラスカとは逆に中心部にジャムをいれてアイスクリームで覆い，周りをメレンゲで覆って，電子レンジで加熱し

た，フローズンフロリダというデザートがあるという。実際に見たことはない。

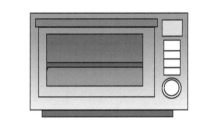

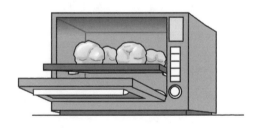

第3章
オーブン加熱による膨化

オーブンで多種多様な小麦粉の膨化調理

1 パン

　小麦粉の膨化といえば、まず、パンをあげなければならない。歴史的にも古く、起源は古代エジプトまで遡る。

　パンが日本に伝えられたのは16世紀にポルトガル船が種子島に漂着したときである。鉄砲とともにパンももたらされたが、パンの方は日本人にはあまり関心が持たれなかったらしい。その後も、宣教師によって南蛮菓子の一つとして伝えられたとされているが、日本人がパンを食べるようになるのはずっと後のことである。

　岡田哲氏[1]によれば、パンは軽く携帯に便利で、保存性があり、どこでもすぐ食べられるなど、兵糧食として米より優れていたことから、江戸末期から明治時代にかけて研究が進んだということである。これに先鞭をつけたのが江川坦庵で、日本のパン祖といわれている。

●あんぱんの登場

　さらに、明治時代になって日本人の好みに合うように、中に餡を入れたあんぱんが作られ、これをきっかけに日本独特の菓子パンが次々に誕生した。パンを菓子の一つとして売りだしたことが日本人に受け入れられたのであろう。

1　岡田哲：コムギ粉の食文化史，p.166，朝倉書店（1993）

アンパン,ジャムパン,クリームパン,メロンパンなど日本独特の菓子パンは今も食べられ人気がある。

あんぱんを創作したのは木村安兵衛で,これを明治7年に銀座で売りだして人気を博した。翌年には小石川の旧水戸藩邸で明治天皇に献上したところ大変喜ばれ,それから宮内省に納品するようになったということである。

木村安兵衛は,試行錯誤の末にイーストの代わりに日本酒醸造用の麹を糖化し,日本酒酵母を増殖させることで乳酸を生成し,雑菌の生育を抑えた[2]。この間の事情は,安兵衛の三男の儀四郎が口述し,日野三郎編,1906年（明治39年）に出版された"食パンの製法及び衛生菓子のこしらえ方"に書かれているという。

図3-1　現在売られている木村家の酒種あんぱん。
左が小倉あんぱん,奥がけしあんぱん,右が桜あんぱん,それぞれ,明治7年,明治8年,明治8年に発売された。

2　江原絢子・東四柳祥子：近代料理書の世界,p.108,ドメス出版（2008）

●パンの基本的な作り方

パンの基本的な作り方は,直捏生地法(ストレート法)と中種生地法がある[3]。

直捏生地法で説明すると,まず,材料(フランスパンの場合,小麦粉,パン酵母,食塩,水。食パンの場合はさらに,砂糖,油脂など)を捏ねて生地を作り(ミキシング),これを約27℃で発酵させる(第一膨張)。この間に生地は約3倍にふくらむ。これを少し伸ばしては折りたたむことを数回行い(ガス抜き・パンチ),再び45分間発酵させる(第二膨張)。パンの大きさに切り分け

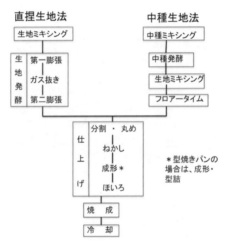

図3-2 直捏生地法(ストレート法)と中種生地法の製造工程(長尾精一,2011[3])

---

3 長尾精一:小麦粉利用ハンドブック,p.252,幸書房(2011)

（分割），形を整える（丸め）。この生地をさらに30分ほど発酵させる（ねかし・ベンチタイム）。生地が伸びやすくなったところで成形し，再び発酵させる（最終発酵またはほいろ）。ここで，生地は4～5倍に膨張する。これを焼いてできあがりとなる。

中種生地法は70％ぐらいの小麦粉と水，およびパン酵母をミキシングした中種生地を，まず数時間発酵させる。その後，残りの材料を加えてミキシングし，発酵させる（フロアータイム）。直捏生地法に比べ発酵時間が長く，ミキシングも十分行われるため，伸展性のある生地ができる。全体の製パン時間は長くなる。

●パンの作り方と食感

直捏生地法で焼いたパンはかみ応えがあるが，次の中種生地法に比べ，老化が速いので賞味期限が短い。昔からの，手でパン生地を捏ねていた方法を継承しているので，手作りや焼きたてを特徴とするリーテイルベーカリーでこの方法が行われている[4]。

中種生地法で焼いたパンは老化が遅く賞味期限が直捏生地法より長く設定できる。また，機械耐性が高いので，大量生産を行うベーカリーで用いられている。気孔の数が多く，グルテン（グルテンとでんぷんの部分）が薄くのばされているので，柔軟性が高くふわふわしたパンとなる[4]。

---

[4] 井上好文：製粉振興，No.581，5；No.582，5，製粉振興会（2016）；日本調理科学会誌，49，280（2016）

図3-3に直捏生地法のフランスパンの気孔構造もあわせて示したが，グルテン膜が厚く，かみ応えがある理由がわかる。

　このように，パンの食感には，気孔数とグルテン膜の厚みが大きく影響している。

　直捏生地法（ストレート法）に比べ，中種生地法で焼いたパンの方が，気孔が小さく，数も多く，気泡膜（グルテンとでんぷんの部分）も薄い。フランスパンは気孔が大きく，気泡膜も厚い。このような違いが食感の違いとなっている。

図3-3　左上：直捏生地法のフランスパン，右上：直捏生地法の食パン，下：中種生地法の食パンの気孔構造

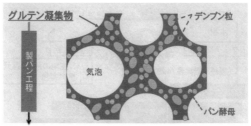

図3-4 パン生地気泡構造のモデルとグルテン凝集物の構造（井上好文，2016[4]）

前述の井上好文氏[4]によると，気泡数と気泡膜の厚さを適切にすることは，ミキシングの程度と成形時の生地の薄層化，およびグルテンの粘弾性に依存している（図3-4）。詳しくは引用文献を参照していただきたい。

●パンの膨化

さて，パンの膨化については，パン生地を混捏している間に，グルテンが薄い膜状になり，でんぷんと共に空気（気泡核となる）を包む。混捏の程度は気泡核の数に影響する。グルテンは混捏により次第に編み目のような細かい繊維状になる。小麦粉中の糖や副材料として加えた糖，さらに小麦粉中のでんぷんの一部が酵素によって分解された物から，イーストによる発酵で，二酸化炭素とアルコールが発生する。この二酸化炭素が多数の気泡核に入り気泡となって，グルテンとでんぷんで出来ている薄い膜の中に入り込み，全体を押し広げ，大きな体積と

細かいすだち（鬆立ち）を形成する[5]。

　発酵初期の生地はグルテンの膜の中に小麦でんぷんの大粒（25〜35μm）と小粒（2〜8μm）が埋め込まれ，ほぼ同じぐらいの大きさの気泡（数10μm）も分散している。発酵中期には気泡の大きさは大小さまざまであるが，ガス抜きをして大気泡をつぶして多数の小気泡とする[6]。

　イーストはかなり高温（60℃ぐらい）までガスを発生することができるので，加熱中に体積はさらに大きくなる。パン生地を焼いている間にでんぷんは糊化し，グルテンの網目状構造は変性して硬くなり，パンの中にしっかりした骨格が出来上がる。

●日本人の好きなパン

　日本では朝食に食パンを食べる人が多くなってきた。そのパンも中身が軟らかく，ふわふわしている食感を好む傾向にある。ところが，ヨーロッパでは，もっと皮の部分がパリッと歯ごたえがあり，中身（クラム）よりも外の皮の部分（クラスト）の方を好むという人が多いようである。食パンのふわふわしたテクスチャーは日本人の好みの特徴かもしれない。

　なお，パンの焦げ色について，日本人とフランス人の好みを比較したことがある。こげ色を5段階に変えたフランスパンのモデルを作り，日本人とフランス人（ストラスブール在住者）それぞれ40人ずつに好ましい焦げ色を選んでもらった。

5　田中康夫・松本博編著：製パン材料の科学, p.2, 光琳（2002）
6　吉松・下村・畑江編著：調理のコツと科学, p.66, 日本ディック社（1997）

その結果，日本人は焦げ色の薄いものを好み，フランス人はこげ色の強いものを選んだ。焦げ色に対する好みはパンにかぎらず，ムニエルやグラタンの焦げ色，ローストチキンの焦げ色についても同様の結果であった。

2　スポンジケーキ

　スポンジケーキは小麦粉，卵，砂糖を主材料とする。泡立てた卵と砂糖で気泡を作り，そこに小麦粉をまぜて生地をつくる。これを加熱して膨化させ，多孔質構造を形成させた，ふんわり軟らかいケーキである。

　イーストではなく，泡立てた卵の気泡で膨化させるので，パンの場合ほどにグルテンが強いと気泡は熱で膨張しにくい。そこでスポンジケーキにはタンパク質の少ない薄力粉が使用される。

　卵の泡立て方には，共立て法と別立て法とがある。

　共立て法は全卵を泡立て，最初から，あるいは途中で砂糖を加える。この時，全卵を入れて泡立てるボウルの温度を湯煎にして30～35℃ぐらいにする。出来上がったスポンジの組織は細かく，口触りはしっとりする。

　別立て法は卵白を泡立て，砂糖を加えてメレンゲを作り，そこへ卵黄と小麦粉を加える方法である。共立てに比べ，ややきめが粗くスポンジは軽く仕上がる。

●スポンジ生地の加熱中の変化

スポンジケーキの生地をオーブンに入れ、温度を徐々に高くしていくと、気泡が膨張して元の体積の1.5〜2倍程度になる。従って、スポンジケーキをうまく作るためには、生地の中に細かい均一な安定した気泡を多数抱き込ませておく必要がある。これはシュー生地とは違うところである。

オーブンの中で生地の温度は徐々に高くなり、約60℃を超えると気泡は急激に膨張し始める。70℃を超えるとでんぷんとタンパク質は変性し始めるので、気泡の膨張はやや少なくなる。80℃を超えると生地の流動性も低下するが、気泡の膨張は90℃ぐらいまで続く。このとき、でんぷんの糊化とタンパク質の変性は完全には終了していない。これは高濃度に含まれる砂糖の影響によるものである。引き続き加熱を続けることで気孔壁がしっかり固定される[7]。

●スポンジ生地の構造

藤井淑子[7]氏は、焼き上がったスポンジケーキの断面を走査型電子顕微鏡で観察して以下の様に報告している。

「気孔は球形で気孔の直径は0.5mm以下、0.6〜1.0mm、1.1〜1.5mm、1.5mm以上の大きさのものがほぼ同じ数であり、比較的大きさがそろっていることがわかった。所々に気孔が合一した大小の空洞が観察された。気孔壁は崩れにくいしっかり

---

7 藤井淑子：昭和女子大学博士論文（1995）

した組織構造で中に小さい気孔が含まれていた（図3-5）。スポンジケーキの気孔壁をさらに高倍率で観察すると（図3-6）タンパク質，砂糖等によると考えられる，なめらかな気孔表面に30〜40μmのでんぷん粒が形が崩れることなく散在していた。その周囲には小さな孔が多数見られ，気体が出入りしたと考えられた。このことが，焼き上がったケーキをオーブンから取り出したときに大きく収縮することがない理由と考えられる。」

スポンジケーキの球形の連続気孔はバッターに含まれている泡立て卵に由来する球形の気泡による。これが加熱に伴って膨

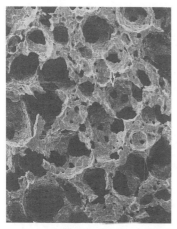

図3-5　スポンジケーキ気孔壁の走査型電子顕微鏡写真（×20）
（藤井淑子，1995[7]）

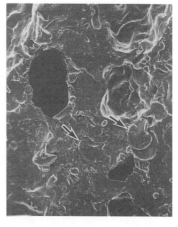

図3-6　気孔壁をさらに拡大した走査型電子顕微鏡写真（×500）なめらかな気孔表面に矢印で示したでんぷん粒が見える。（同）

張し,変形したり気泡が壊れたりすることなく,固定化されて気孔となったことを示している。気孔壁は滑らかで円盤状のでんぷん粒が多数連なって壁を構成している。気孔を球形に保ち気孔壁を強化するのがでんぷん粒である。小麦でんぷんは気泡の周囲を隙間なく取り囲んで,気泡を安定化させている。

小麦でんぷんが気孔を安定にしている理由として,小麦でんぷんの粒子が気泡の周囲にすきまなく配列できるぐらい小さいためであるとしている。藤井氏が,ためしにジャガイモでんぷんで行った実験では,でんぷんの粒子が大きいために気泡の周

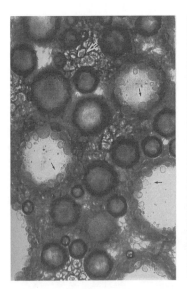 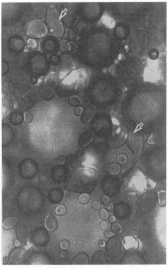

図3-7 小麦でんぷんと(左)とジャガイモでんぷん(右)のバッター(25℃) 小麦でんぷんは気泡の周囲を隙間なく取り囲んでいるが,ジャガイモでんぷんは隙間が多い。(藤井淑子,1995[7])

囲をすきまなく取り囲むことが出来なかった（図3-7）。そのため，加熱にともなって気泡が膨張するに従って，合一してしまい，多孔質構造を形成することが出来ないことがわかった。

●スポンジケーキにおけるグルテンの役割

このことは，グルテンが全くない場合でも生地を膨化させることが出来ることを示している。もし小麦でんぷんだけでスポンジケーキを作ると，気孔の大きさは0.5mm以下と0.6～1.0mmのものが多くなった。これは小麦粉で調製したスポンジケーキに比べて小さく，気孔壁は薄く，その中に含まれる気孔の数が多く，気孔が独立していないことがわかった。

焼き上がりの体積はでんぷんだけで調製したスポンジケーキの方が大きくなった。これは，タンパク質のある方が，材料を混ぜて生地を調製する段階でグルテンが形成される。そうすると，バッターの粘度が高くなるために，機械的な力をかけて混ぜなければならず，気泡が破壊されることによる。

しかし，グルテンのある方がスポンジケーキの香りやテクスチャーがよく好まれる。

●スポンジ生地とバター

スポンジケーキを調製する際に，溶かしバターを加えると，出来上がったスポンジがしっとりとした口当たりになる。

この時，混ぜあわせるタイミングと，溶かしバターの温度によって，膨化程度は影響をうける。

溶かしバターを卵の泡立ての最初に加えると泡立ちが悪くな

るので、卵を泡立て、小麦粉も混ぜてから、最後に湯煎で溶かしたバターを加える（図3-8）。

図3-8 溶かしバターを最後に加える

溶かしバターの温度を低温（30℃）と高温（90℃）とで比べると、30℃より90℃の方が膨化がよいことがわかる（図3-9）。30℃ではバターは生地中に吸い込まれてしまい気泡が消えるので、スポンジの体積は小さくなってしまう。90℃なら、生地の気泡の表面に拡がり気泡を消すことがほとんどないからである[8]。

図3-9 高温（90℃）の溶かしバター（左）と低温（30℃）の溶かしバター（右）を加えたときのスポンジの膨化

---

8 吉松・下村・畑江編著：調理のコツと科学, p.105, 日本ディック社（1997）

表3-1 ケーキ類の配合例(重量比)[9]

	小麦粉	砂糖	卵	油脂	牛乳	実例
1	100	70	50	-	-	どら焼きなど
2	100	100	100	-	-	スポンジケーキ
3	100	120	150	-	-	スポンジケーキ
4	100	240	200	-	-	長崎カステラ
5	100	120	150	25	-	バタースポンジケーキ
6	100	100	100	50	-	パウンドケーキ
7	100	100	100	100	-	パウンドケーキ,マドレーヌ
8	100	200	300	100	-	バウムクーヘン
9	100	100	80	40	30	ホワイトバターケーキ
10	100	85	50	45	50	イエローケーキ
11	100	140	9	55	104	ハイレシオイエローケーキ

6〜11の油脂量の多いケーキには一般に小麦粉の2〜6%の膨化剤を用いる。

●スポンジケーキ類

多孔質のスポンジ状組織のケーキは,スポンジケーキとバターケーキに分かれ,さらに,スポンジケーキはスポンジとバタースポンジに分けることができる。しかし,この分類はそれほど厳密なものではない。また,地域によって呼び方が違っていたりする。

それらのケーキの基本的な材料配合を表3-1に示した[9]。

---

9 松井宣也:調理科学, 18, 203 (1985)

3 カステラ

　カステラは,日本で考案された菓子ではなくて,ポルトガルから伝えられたといわれている。

　では,カステラはいつ頃日本に伝えられたのだろうか？

　16世紀の大航海時代に,ポルトガル船が香辛料を求めて東アジアに進出してきた。アフリカ南端の喜望峰をまわり,モザンビク,インドのゴア,タイのアユタヤ,マラッカ海峡を通って中国のマカオへ,そして日本の長崎へと航海した。

　カステラの名前の由来は,スペインのカスティーリャ地方（Castilla）をポルトガル語発音ではカステーラ（castelo）ということから,という説がある。あるいは,カステラをつくる際に城（castelo）の様に高くなれ,といったことから,など諸説ある。

　文献[10]によれば,カステラは室町時代末期にキリスト教の宣教師によって伝えられたとある。宣教師はキリスト教を布教するのに,上戸にはちんた,ぶどう酒を,下戸にはボーロ,こんぺいとう,カステラを振る舞ったという。織田信長や堺の商人たちも口にしたことだろう。

　カステラは江戸時代の製菓書や料理書に掲載されており,茶

10　粟津則雄　ほか：カステラ文化誌全書, pp.47, 53, 112, 116, 119, 平凡社（1995）

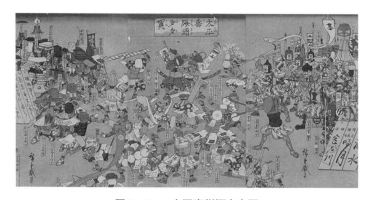

図3-10a　太平喜餅酒多多買
歌川広重画1843-46頃（味の素食の文化センター蔵）

図3-10b
太平喜餅酒多多買（拡大）
左側にかすてゐらの文字が見える

会でも多く用いられたようである。千利休も食べたとか。江戸，大坂を中心に，江戸時代の中期には現在の長崎カステラに近いものが作られている。

材料は小麦粉，卵，砂糖など栄養価の高い菓子で，一種の栄養剤的な使用もされたとみられる。カステラは日本にきてから，さらに，日本人の好みに合わせ，水飴を加えるようになった，ということである。

江戸時代の太平喜餅酒多多買(たいへいきもちさけたたかい)という錦絵に酒と菓子が合戦をするという面白い絵があるが，菓子のグループにちゃんとカステラが入っている[11]。

ポルトガルにパン・デ・ロー（pao de lo）という焼き菓子がある。現在でも作られているし，日本でもポルトガル料理店で食べることが出来る。カステラは，このパン・デ・ローと製法が似ていることから，これが原型であろうと言われている。

一方で，スペインのビスコチョがカステラの原型であるという説もある。

食べ物は変化しながら受け継がれ，同じ頃に別の地域で似たようなものが食べられることもあるので，どれも一つの説として見る必要がある。

11　松下幸子：錦絵が語る江戸の食，p.94，遊子館（2009）

●パン・デ・ロー

現在,ポルトガルで食べられているパン・デ・ローは,円筒形で,日本のカステラが正方形ないし長方形の直方体であるのと違っている。

その作り方を現地でヒヤリングした宇都宮由佳氏(青山学院短期大学准教授)によると,

材料(直径18cm型1個分)として,

全卵……1個

卵黄……3個

図3-11 ポルトガルで作られているパン・デ・ロー 左上:パン・デ・ローの型,右上:生地は一旦膨らむが,左下のように凹んでしまう。右下:型から出して切ったところ

砂糖……50g

　　薄力粉…25g

　　レモンの皮…少量

作り方

　　型に敷き紙を敷き，薄力粉を振っておく

　　オーブンを190℃に予熱する

　　ボウルに全卵，卵黄を入れ泡立てる

　　砂糖を3回にわけ加える

　　薄力粉とレモンの皮を入れ混ぜ合わせる

　　型にいれ190℃のオーブンで20分間焼く

材料配合は卵の割合が粉の約4倍もあり，非常に多いのであ

図3-12　ポルトガルではこんなパン・デ・ローも売られている
（宇都宮由佳氏撮影）

図3-13 日本のポルトガル料理店,カラベーラ,で供されるパン・デ・ロー ポルトガルとほとんど同じ

るが,作り方としてはスポンジケーキのそれと同じである。

　伝えられたカステラを日本で作るとして,問題になるのは,当時日本にはオーブンがなかったことである。そこで,下火と上火とで加熱するために釜の上に鉄の板をおいて,そこに炭火をおく,引き釜など日本独自の工夫がされたことが記録にある[10]。

●カステラの材料配合

　カステラを同じ材料である,小麦粉,卵,砂糖で作るスポンジケーキと比べると,材料のうち砂糖と卵の占める割合が高くなっている。スポンジケーキでは,一般的には,小麦粉100gに対して,卵100g,砂糖100gであるのに対し,カステラでは小麦粉100gに対して卵200g,砂糖200gとなっている。

表3-2 文献によるカステラの材料配合

	小麦粉	砂糖	卵	その他
福砂屋ホームページ	1	1	1	
19世紀写本「調法記」[*1]	1	1.4	1	
和漢三才図会(1714)[*2]	1	2.2	0.4	
諸国名物御前菓子秘伝抄(1718)[*1,3]	1	1.2	1.33	
古今名物・御前菓子図式(1761)[*1]	1	1.4	1	
現在の標準スポンジケーキ[*2]	1	1	1	
スポンジケーキ[*4]	1	1.3-1.6	1.5-2	水 0.2-0.5
カステラ[*2,4]	1	2	2	
カステラ[*5]	1	2	2.3	

[*1] 実践女子大学:菓子の誘惑,外食の魅力 (2013)
[*2] 岡田哲:小麦粉の食文化史 (1993)
[*3] 江後迪子:カステラ文化誌全書 (1995)
[*4] 長尾精一:小麦粉利用ハンドブック (2011)
[*5] 鎌田克幸:菓子の事典 (小林,村田編) (2000)

　図3-14は小麦粉,砂糖,卵の割合を表3-3のように変えてスポンジ生地を焼いた時の断面の写真である[12]。カステラの断面とスポンジケーキの断面を比べると,カステラのほうがきめが細かくみえる。

12　吉松・下村・畑江編著:調理のコツと科学,p.70,日本ディック社 (1997)

A
標準的レシピ,
気孔数は他と
あまり変わら
ないが気孔が
やや大きい

好まれる

スポンジケーキA

C
水分多く生地
は軟らかい
加熱中は良く
膨化するが,
とりだしたら
収縮した

スポンジケーキC

B
膨化悪い,
気孔は不揃い

スポンジケーキB

D
卵と砂糖多い
きめが細かい
小さい気孔が
多数ある
Aと同程度に
膨化する

スポンジケーキD

図3-14 スポンジケーキとカステラ生地の配合（表3-3）と焼き上がり断面[12]

表3-3 スポンジケーキ3種とカステラの配合割合（単位g, 括弧内は小麦粉を100とした割合）

	小麦粉	砂糖	卵	水
スポンジケーキA	25 (100)	33 (132)	37 (148)	5 (20)
スポンジケーキB	41 (100)	25 (61)	29 (71)	5 (12)
スポンジケーキC	25 (100)	25 (100)	29 (116)	21 (84)
カステラD	19 (100)	44 (240)	37 (200)	

●カステラの物性

　材料配合の異なるカステラの物性はどう違うのだろうか。スポンジ生地とカステラ生地を焼いて，市販の長崎カステラと断面の様子ならびにテクスチャーアナライザーによる物性を測定した（表3-4）。

　食べてみると，カステラ生地はふんわりとした口当たりである。市販のカステラはどれも，きめが，みっしりとでも言うようにつまっていて，スポンジ生地に比べると，とてもしっとりしている。このことは断面のきめが細かく，やや詰まって見えることからも想像できる。

　硬さの測定値ではカステラ生地は最も軟らかく，市販のカステラはこの中では硬いことが示された（表3-4）。凝集性は市販品に小さく，いったん歯で噛むと元に戻りにくいことがわかる。これは付着性の値が市販のカステラで大きく，生地が互いに密着してしまうことと関係があると思われる。市販品は小麦粉，砂糖，卵の他にどれも水飴が入っていた。

　カステラは，日本各地で作られており，物性もいくらか違っている可能性もある。筆者の友人で，カステラはN店のものに限るといっている人もいるし，愛媛県の一六タルトもカステラの一種でおいしいし……。

　ポルトガルあるいはスペインから伝わったと言われるカステラであるが，日本人の好みに合うように独自の変化を遂げたおいしいお菓子である。

表3-4 スポンジ生地,カステラ生地,市販カステラの物性

	硬さ (N)*	付着性 (N/sec)*	凝集性*	比重
スポンジ生地	134.0[a]	−1.9[a]	0.63[a]	0.30
カステラ生地	156.9[b]	−1.7[a]	0.63[a]	0.34
市販カステラA	206.3[c]	−5.0[b]	0.42[b]	0.36
市販カステラB	204.3[c]	−7.3[c]	0.41[b]	0.44
市販カステラC	222.0[c]	−14.2[d]	0.36[b]	0.46

*:テクスチャーアナライザーTX-TAによる
スポンジ生地,小麦粉1:砂糖1.3:卵1.5:水0.2
カステラ生地,小麦粉1:砂糖2:卵2
(ポルトガルのパン・デ・ロー,小麦粉1:砂糖2:卵4～5)
a, b, c, d 異なるアルファベット間に有意差 (p<0.05) あり

スポンジ生地　カステラ生地　市販カステラA　市販カステラB　市販カステラC

図3-15 スポンジ生地,カステラ生地,市販カステラABCの断面

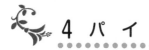

4 パイ

　パイは，小麦粉のドウを何層もの層状に膨化させて，サクサクとした脆い口触りを味わうお菓子である。

　パイ生地を加熱すると，生地に含まれる水が水蒸気となって生地の中に蒸発し，生地を浮き上がらせることで，膨化させる。この水蒸気はバターと小麦粉ドウに由来するものである。

●パイ生地の作り方

　パイ生地の作り方は折りたたみ式（フレンチパイ）と，練り込み式（アメリカンパイ）とがある。

　基本の折りたたみ式パイで考えると，まず，小麦粉と水でドウを作る。ドウを正方形に伸ばして，中央に正方形のバターを置き，風呂敷で包むようにドウをかぶせる。このままでは下側のドウの層，真ん中のバターの層，上側のドウの層となる正方形の生地となる。さらに，これを一方向に細長くのばして三つか四つに折り畳んで元の正方形にする。また，90度方向を変えて細長く伸ばして，三から四つに折りたたんで元の正方形にする。これを繰り返すと，ドウとバターの層が交互に何層にも重なった，パイ生地ができる。

　折り畳み式パイの折り方（三つ折りか，四つ折り），および，それをのばして再び折り畳むことを繰り返す回数によって，バ

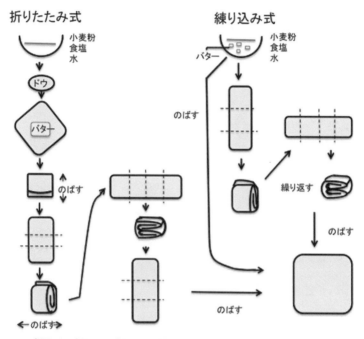

3つ折り、4つ折り、3つ折り＝36層

図3-16　折りたたみ式と練り込み式パイの作り方

ターの層が何層になるか調べた研究がある[13]。それによると，三つ折りを2回（1回縦方向に細長く伸ばして三つ折りにし，それを横方向に細長く伸ばして，もう一度三つ折にする）の場合，バターの層は3×3＝9層になる。このときパイ生地を3

13　吉松・下村・畑江編著：調理のコツと科学, p.68, 日本ディック社 (1997)

mm厚さに伸ばしてドウの層の厚さをはかると167μmである。

三つ折を3回の場合は3×3×3＝27層になり，ドウの層の厚さは55μmである。このバターの層が多いほどよいかというと，そうでもない。最もよかったのは三つ折の後，四つ折，さらに三つ折にした場合で，バターの層は3×4×3＝36層，ドウの厚さは42μmであった。

家庭でパイを作ろうとすると，ドウを麺棒でのばして生地をのばすときに，もし室温が高いとバターが溶けて，生地がベタベタとくっついたりしてうまくのばすことができない。それを防ぐために，ときどき生地を冷蔵庫で冷やしながらのばす。ただし，冷やしすぎてもバターが固まりすぎてうまくのびないので注意が必要となる。

●パイ生地の加熱

この低温の生地を高温のオーブンに入れて一気に温度を上げる。

生地をオーブンに入れて加熱すると，図3-17のように，バターの中で乳脂肪に溶けずに分散していた約16％の水分が蒸発して体積が膨張し，上下のドウを押しひろげる[14]。また，薄くのばされたドウの部分は上下の高温のバターによって揚げられたようになる。すると，通常の揚げ物に見られるように，ドウに油が吸収されて代わりにドウから水が蒸発するという，水と油の交代が起こる。この水蒸気がさらにドウを浮き上がらせ

---

14 石村哲代：四條畷学園短大研究論集，第5号，1（1971）

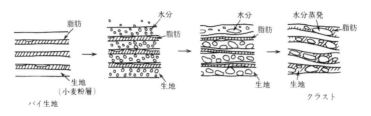

図3-17 加熱中のパイ生地の膨化模式図 (石村哲代, 1971[14])

る。同時に，油を吸収したドウの部分は，サクサクした口触りになる。このようにして，何層にも膨化したサクサクした口触りのパイができる。

　加熱時に水が蒸発して水蒸気となり，体積を増すためには，シュークリームのシュー生地のときのように，バターの中に分散していた水分の温度が急激に100℃になって，体積が一気に膨張する必要がある。そこで，パイを焼くときにはオーブンの温度を200～220℃にして一気にパイ生地の温度を上げる。これはスポンジケーキの生地を焼く場合に，温度をもう少し低く（160～170℃）して，徐々にスポンジ生地を膨化させるのとは対照的である。もし，オーブンの温度が低かったりして温度の上昇が遅いと，水蒸気の発生が徐々に起こって気泡は成長しない。バターが溶けてもパイ生地の浮きは起らず，ドウにバターが吸収されるだけで，あぶらっぽく膨化しないパイとなってしまう。

●練り込み式パイ

　パイを作る方法として，もう一つの練り込み式パイの方法で

あるが，こちらは小麦粉に食塩をまぜて，そこへあずき粒ぐらいの大きさに刻んだバターを混ぜ込み，その後に水を加えて伸ばす方法である。初めにドウを作らないので小麦粉に加える水の量は折りたたみ式に比べると少なくなる。バターの層は連続していないので，折りたたみパイとは少し口触りが異なる。しかし，膨化の機構は同じである。

●アップルパイ

パイといえば，アップルパイが最もポピュラーだろう。朝日新聞社の"世界の食べ物，週刊朝日百科52，北アメリカ"[15]を見ると，「アップルパイはアメリカ料理の代表といえるもので，パイといえば，アップルパイが最もポピュラーだろう。デザートとしても，料理の一品としても食べられている。アメリカでリンゴが初めて栽培されたのは，1635年，ボストンに農場をもつウィリアム・ブラックストン牧師の手によってであるといわれる。アップルパイはそのまま食べるだけでなく，アイスクリームやチーズをのせて供する事が多い。」と書かれている。

また，「フランス人はリンゴにシナモンを加えることはめったにしないが，アメリカではシナモンは欠かせない。フランスでは角形のものが多いのに対して，アメリカでは丸形が普通で，それを八つ切りにして出す。」とも書かれている。

アップルパイはアメリカのおふくろの味である，ともいわれている。ということは，家庭によって少しずつ味が異なるとい

---

15 朝日新聞社，世界の食べ物，週刊朝日百科，北アメリカ2，p.34（1981）

うことだろうか。

そういえば、かつてサンフランシスコからバンクーバーへ行く飛行機の中でとなりに座った女子高校生に、「あなたの好きな食べ物は？」と聞いたところ、即座に「ママのアップルパイ！」という答えが返ってきたのもむべなるかな。

図3-18 アップルパイ

● ブーシェ・ア・ラ・レーヌ

パイ生地ができたら、中につめるものはいろいろである。アップルパイの他にも、パンプキンパイ、レモンパイなどいろいろあるが、甘い菓子ばかりではない。ひき肉をいれたミートパイ（図3-19）や、ホワイトソースであえた魚の身をいれたりすることもある。

フランスのパリやロレーヌ地方で、ちょっとした正式な食事や、家族のあらたまった食事に供される、ブーシェ・ア・ラ・レーヌ（bouchée à la reine）という一品がある（図3-20）。王妃様風一口分パイとでも訳すのだろうか。もともと大きなパイ生地に詰め物をいれた1テーブル6〜8人用の料理であったものを、後にルイ15世の王妃となるマリ・レクチンスカ（Marie Leczinska）が1人用、つまり一口大のものにすることを考えたといわれている。

ちなみにマリ・レクチンスカはポーランド王スタニスラス・レクチンスキの娘で、料理や菓子が大好きで、腕の良い菓子職人を雇っており、考案された料理の一つがこのブーシェ・ア・ラ・レーヌである。かの、マドレーヌもそのうちの一つということである。

ブーシェ・ア・ラ・レーヌはパイ生地を直径10cmぐらいの円形に2枚型抜きする。1枚は底の部分、もう1枚はさらに中央部分をくりぬいて（ドーナツ状になる）卵を塗って底にあたる部分と重ねる。これを焼くと中央部にくぼみのある、パイのケースができる。

図3-19 ミートパイ

細かく刻んだシャンピニオンや鶏ささみ、子牛の胸腺肉などのクリーム煮を別に作っておき、パイのケースにつめて温かいうちに食卓に出す。ドーナツ状にくりぬいた中央部分は、できあがりに帽子のように上にのせる。

パイのパリッとした

図3-20 ブーシェ・ア・ラ・レーヌ

脆い食感と，中身のなめらかな風味とを味わう料理である。これもなかなかおいしい。

●ヨークシャープディング

イギリスで，ローストビーフのつけあわせにはヨークシャープディングがしばしば登場する。料理本には「イギリス人が一番良くローストビーフを食べるのは日曜日のディナーのときで，（ディナーといっても実際は昼頃とる食事）普通は父親がローストビーフを切り分ける。ローストビーフを切り分けている間，この料理に昔から必ずつけ合わせるヨークシャープディングが，熱いオーブンの中でむくむくとふくれあがる。ヨークシャープディングはスフレの料理に似ているから，それが焼き上がるとすぐに食事に取りかかる。」とある。

プディングと言っても，カスタードプディングやライスプディングのような卵の凝固性を利用した甘いものではない。

ヨークシャープディングの材料は，薄力粉，塩，卵，牛乳，ドリッピング（肉をローストするときに出来た肉汁またはラード，あるいはその他の油脂）である。このレシピは，まるで卵が少な

図3-21 ヨークシャープディング（下は断面）

図3-22 ロンドンのレストランのヨークシャープディング

いやや硬めのクレープ生地に似ている。クレープ生地は水分が多く平らな板状にのばして焼くので、膨らむことはないが、ヨークシャープディングは膨らむと書いてあるので、レシピ通りに作ってみた（図3-21）。

結果はまあ、中小の空洞が沢山ある失敗作のシューのようであった。肉から落ちた脂肪をしみ込ませるとあるから、中小の空洞があると脂肪や肉汁をしみ込ませるのに都合がよいと思われる。なお、筆者は大原照子（私の英国料理, 1985）のレシピに従って作ったが、E.Hoffmann（The Best of International Cooking, 1989）では卵の割合がもう少し多いレシピであった。

ちなみに、シュー、クレープ、ヨークシャープディングの材料はほとんど同じで、シューの材料配合は、粉1、水1.8、卵2、バター0.8である。クレープは、粉1、水（牛乳）3、卵1、バター0.15であるし、ヨークシャープディングは粉1、水

(牛乳) 2.4，卵 0.5，油 0.4 である。

●シューとヨークシャープディングの違い

材料を混ぜたときに，液体として生地にどのぐらい流動性を与えるかを，換水値で表すことがある。それで示すと，粉1に対してシュー生地は4，クレープ生地は3.6，ヨークシャープディング生地は2.8となる。シュー生地が大きい値であるが，いったん，(水+バター)をあわせて加熱し，粉を糊化させて流動性をなくしてから卵を加えるので，実際に扱うときには絞り出しが可能なほど流動性は小さくなっている。

シューを作るときには，焼きあがったときに空洞となる気泡の気泡核は，小麦粉と水(水+脂肪)，卵をまぜるときにとりこまれる，わずかの空気だけである。加熱中に，最初に100℃になった気泡の中に周囲の水が蒸発して，気泡を一気におしひろげ大きな空洞を形成する。ヨークシャープディングも同様に，最後に全体を激しく撹拌する以外，ほとんど気泡はないので，少量の気泡のなかに水が蒸発して空洞が出来るものと考えられる。ただし，シューのように一次加熱(77℃)で，でんぷんを充分糊化させた後に卵を混ぜるということをしないので，シューのようにはうまく膨らまない。ヨークシャープディングの断面は，シューの一次加熱終了時の温度が77℃になる以前の60，あるいは70℃で加熱をやめて，そのまま卵を混ぜ，二次加熱したシューと似ている。つまり，シューの一次加熱が充分でない場合にあたるといえる。

●中国式パイ(スウピン)

　パイを作ったことがある人なら,バターと小麦粉を層状に折りたたむときに,バターがとけて,のし棒やのし板にくっついたりして扱いにくい,という経験を持っているはずである。

　ところが,中国式パイはこのような問題を解決し,気温の高い地方でも取り扱いやすく生地の硬さを調節しやすいように,パイ生地の作り方が工夫されている[16]。

　生地はまず,折りたたみ式パイの小麦粉ドウに当たる水皮(スイピー)と,同じくパイのバターにあたる油皮(ユーピー)を別々に作る。水皮は小麦粉とラード,および水を,55:15:30の割合に混合する。小麦粉は中力粉が最も扱いやすく,次に強力粉が扱いやすい。油皮は小麦粉とラードを65:35の割合で混合する。小麦粉とラードで作るので気温が変化しても油皮の物性はほとんど変化しない。

　この油皮の塊を,のばした水皮でまんじゅうを包むように包み,図3-23のように縦にのばす。さらにこれを短径から,くるくる巻いて細長いロール状にする。これを再び長軸方向にのばして巻く。最後に円形にのばして水油皮が出来上がる。水皮にも油皮にもラードが含まれるので,硬さの差が小さく取り扱いやすくできている。水皮と油皮の割合は7:3,あるいは3:2とする。

　水油皮で餡や挽肉団子を包み,焼く,あるいは油で揚げると

16　福永淑子:博士論文, p.168 (2003)

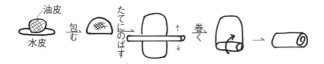

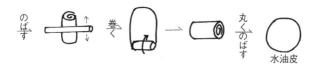

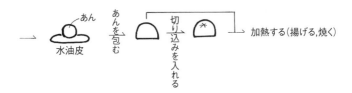

図3-23 中国式パイの作り方（福永淑子，2003[16]）

図3-24 中国式パイ（福永淑子氏製作）

スウピンの出来上がりである。水油皮の上面に十文字あるいは三方向の切り込みをいれてから加熱すると，ラードが溶けて切り目が層状にひろがり，はなびらのようになる（図3-24）。また，ロール状の水油皮の端から切り，二つの間に餡をはさんでまるめることもあり，こちらは表面が同心円状の層が見える。

　外観も美しく，口触りも軽いパイである。中国では油皮を作りおきして必要に応じて使うということであるが，保存しても油脂の劣化は見られないという。

5 シュークリーム

　シュークリーム，シュー・ア・ラ・クレーム（choux à la crème）のクリームを包む皮の部分，つまり，シューと言うのはフランス語のキャベツのことで，その形がキャベツに似ていたことからこの名前がついたという。

　シュー生地には中にフォアグラなどを詰めてオードブルにする調理用の場合と，ケーキやデザートなどの甘み用とがある。

　ここではお菓子のシュークリームについて，研究から得た知見を紹介する。

　シューの特徴は，生地を加熱すると，キャベツ型の風船のように膨らんで元の体積の4倍ぐらいになること，内部が空洞で仕切りの膜がないこと，さらに，外側の皮の部分は多孔質構造であること，である。

　シュー生地がシューになるのは主として生地の水分が気化して水蒸気となることと，空気の熱膨張で体積が増加する影響もあって，空洞が形成されることによる。

●シューの作り方

　シュー生地を作るには，まず，鍋に水とバターを入れて加熱し，さらに小麦粉を入れて加熱する。これが一次加熱にあたる。小麦粉がまとまったところで火からおろして温度を下げる。さらに卵を入れて撹拌し，これを天板に絞り出してオーブ

ンで加熱する。これが二次加熱にあたる。ペースト状のシュー生地がキャベツ型に膨らむので、空洞の中にクリームを入れて出来上がりとなる。

とまあ、こう書くと簡単そうに聞こえるが、そうでもない。やはり、そこは調理科学の研究成果を知って作るとうまく出来るというものである。

●一次加熱

その一つは一次加熱の温度である。生地がオーブンの中で膨張するためには、小麦粉のでんぷんは糊化して伸びやすくなっていなければならない。しかも、グルテンは完全には変性せずに、特有の粘弾性、抱脂性を持っている状態が必要となる。

グルテンは80℃で急激に活性を失う。でんぷんは65℃位から糊化し始めるが、完全に糊化する頃には、グルテンの活性が失われてしまう。両者の兼ね合いから、適切な温度とは77〜78℃である[17]。

水とバターを加熱して100℃になったところで火を弱め小麦粉を入れ温度を77℃に保って撹拌する。この最適の温度よりも低い場合、例えば70℃では空洞の内部が多数の膜で仕切られて、外皮は硬くなる。また60℃では膨化が悪くなる。

一方この温度よりも高い場合、例えば85℃では、シューの膨化状態は良いものの、硬く乾燥してつやのない外皮となる。

次の段階で卵を加えるのであるが、77〜78℃のペーストに

17　松元文子・阿部ナホヱ：家政学雑誌, 13, 240 (1962)

直ちに卵を入れると,卵は熱凝固してしまうので,卵タンパク質が変性しない温度まで下げる必要がある。その温度とは65〜70℃である。ここまで温度を下げて,卵を入れてよく撹拌する。卵はでんぷんと油脂の分散を助け,シュー生地の粘性を調節する。

この撹拌によってシュー生地には空気が抱き込まれ,出来上がったシュー生地の体積は大きくなり,シュー生地の比重は小さくなる。

もしシュー生地を脱気するとシュー生地はうまく膨化しない。また,撹拌し過ぎると膨化は逆に悪くなる。従って適度な撹拌が必要になる。

●二次加熱

シュー生地を絞り出してオーブンに入れて加熱(二次加熱)するのであるが,この温度は200℃で25分間程度である。ほぼ12分後に98℃になって,生地は膨張し始める。さあ,出来た,うまく膨らんだぞ,と喜んでオーブンの扉を開けてはいけない。十分外皮が焼けて固まる前に扉を開けると,たちまちシューはペシャンコに凹んでしまう。加熱の初期は急激に温度をあげて98℃とし,気泡中に周囲の水蒸気を気化させ膨化させるためで,後はその形を固定するための加熱なのである。

●シュー生地の膨化

シュー生地に含まれる気泡のどれかが膨張して,一つの大きな空洞を形成するのがシューの特徴である。

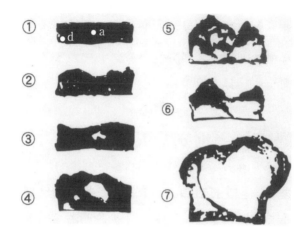

図3-25 シュー加熱中の空洞形成の様子 ①, ②, ③…は図3-26と同じ (渕本幸恵 ほか, 1990[18])

シューペーストをガラスのシャーレにいれてオーブンで加熱し, 加熱中a点とd点 (図3-25-①) の温度履歴 (図3-26) ならびに各温度における生地の断面の状態 (図3-25) の観察を行った研究がある[18]。

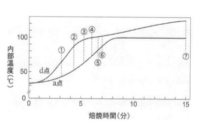

図3-26 シュー加熱中の温度変化

ペーストの温度が徐々に上昇するに従い, いくつかの大小の気泡が観察されるようになる (図3-25-②)。全体の体積はあまり増えない。ペーストの端の部分の方が早く温度が上がるが, 中心部付近にはやや大きく膨張した気泡も見られるように

なっている（図3-25-④）。これは，中心部は生地の温度が低くまだ流動性があるので，いくつかの気泡が中心部に集まってきたものである。

その気泡が大きい空洞に成長するのかと見ていると，それはやがてシューペーストの外側に押し出されてしまう。代わってシャーレの端の方にあった小さい気泡が突然，他を圧して大きな空洞を形成した（図3-25-⑦）。

温度測定の結果と合わせると，小さい気泡は98℃になった時点で，突然，大きな気泡になったことがわかった。それ以外の気泡は大きくなりながらも，98℃よりも温度が低かったために，大きな気泡には成長しなかった。つまり，いくつかの気泡の中で，真っ先に98℃になった気泡の体積が急激に膨張して空洞を形成したことがわかった。

オーブンの中で早く98℃になるのはシューペーストの中心部より端の方であるから，端の方にあった気泡が空洞を形成したのである。膨張は100℃以上においても続いた。

●シュー生地の気泡分布

気泡の膨張には，気泡の空気の体積膨張よりも，気泡の中に水が水蒸気となって蒸発して体積を拡げる影響のほうが大きい。20℃から100℃になった時の空気の体積膨張は（373/293）倍程度であるが，水蒸気の体積膨張を考えると，水1mLが水蒸気1,700mLにもなるからである。

18　渕本幸恵　ほか：日本家政学会誌, 41, 1049（1990）

シューペーストでは,将来大きい空洞を形成するために気泡の数は多くは必要としない。シュー生地の中の気泡の直径の分布を見ると,200μm以上の大きい気泡が,シュー生地1cm^{2}あたり5～10個程度あればよい。

　大きい気泡が50個以上あったり,あるいは,少なすぎたりするとうまく膨化しない。また,200μm以下の小さい気泡の数が少ないのもうまく膨化しない。例えば,膨化の良いシュー生地では30μmの気泡の数はシュー生地1cm^{2}あたり200個以上必要で,それより少ないと膨化が悪くなった。

　シューについて調理書を見ると,水とバターを加熱して小麦粉を加え,小麦粉が餅のようにふわっとしてきたら,とか,卵は1度に加えずに1個ずつ加え,とか,しゃもじで混ぜて生地がしゃもじからひらひらと落ちるまで,などと書かれているのは,上で述べた温度や撹拌程度,さらには気泡分布の調整などを,言葉で説明しているものと考えられる。

●シュー生地における小麦粉成分の役割

　シュー生地における小麦粉成分の役割について,小麦粉をグルテン,でんぷん,テーリング,水溶性画分に分けて,シューの膨張の状態を検討した研究がある。でんぷんのみ,でんぷん＋グルテンでは加熱中に油脂が分離して空洞は形成されなかった。しかし,これにテーリングあるいは水溶性画分を加えると,生地は均一になり空洞状に膨化した。

　このことから,テーリングにはでんぷんと油脂を均一に分散させる乳化剤的な効果があると考えられた。卒業論文の実験に

あたった学生は，テーリングの代わりに，でんぷんに台所用中性洗剤を入れたところ，見事に空洞状に膨化してシューが成功した[19]。この素晴らしい発想の持ち主で勇気ある学生は，今では3人の孫がいる短期大学の教員である。

●ルウ法によるシューペースト

上に示したシューペーストの作り方（従来法）は第一次加熱の温度を77℃とするのが良いことがわかっているが，小麦粉を加える前に，水と油脂を77℃の高温にすることは難しく，下手をすると水が飛び跳ねて火傷をする恐れもある。また，ペーストの温度を測るのも簡単ではない。熟練者はこの辺りを経験とカンでうまく作っていると思うが，初心者でも容易にシューペーストを作る方法として，ルウ法が提案されている[20]。

その方法は図3-27のように水＋油脂→小麦粉の順序を入れ替えて，まず，油脂と小麦粉を炒めてルウを調製し，そこへ水を加えるというものである。実験によると，油脂（ショートニング）20g，小麦粉（中力粉）20gを炒めてルウを作る。そこへ水35mL加えるのであるが，その温度がポイントである。実験結果より，ルウの温度＋加える水の温度の合計が170℃の時，ペーストの温度は77℃であった。

従って，ルウの温度を測り，（170－ルウの温度）の温度の水35mLを加えれば，シューペーストの温度は77℃付近となる

19　濱田陽子　ほか：調理科学, 22, 68（1989）
20　阿部ナホヱ・松元文子：家政学雑誌, 15, 245（1964）

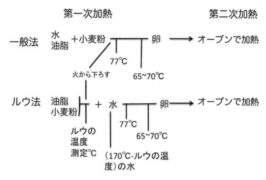

図3-27　シュー生地の調製法

ことがわかった。

　10秒程度撹拌し，あとは従来法と同様に65℃まで温度を下げて卵45gを加え撹拌すれば，よく膨らみ形の良いシューが出来上がる。

　この方法はルウの状態で保存することも出来，簡便にシューを作ることが出来る。

6　スフレ

　スフレ（soufflé）を「フランス食の辞典」（白水社）でひくと，かたく泡立てた卵白を加えてオーブンで焼いた，軽くて軟らかいデザートおよび塩味の料理。souffler「吹く，膨らませる」の派生語。19世紀初頭にデザートとして登場した，とある。

　スフレには甘みのスフレと塩味のスフレが書かれている。

図3-28 専門店においてあるスフレの食べ方(六本木のレストラン サロン・ド・テ ル・スフレ)

ちなみに専門家によると,卵白をかたく泡立てるとよく膨らむけれど,オーブンから出すとすぐにしぼんでしまうので,プロは六分立て程度に泡立てるということである。

●チーズスフレ

インターネットにチーズスフレの作り方の動画があった。ただし,フランス語であったが,絵をみるとなんとかわかる。

まず,ホワイトソースを作る。バターで小麦粉を炒め,牛乳を少し加えてペースト状にした濃度の高いホワイトソースである。ホワイトソース250mLをボウルにとり,おろしチーズ80gをへらでかき混ぜながら加える。ここへ卵黄1個分を加え,塩

図3-29a　スフレ

図3-29b　上面を崩して

図3-29c　ソースを流し込んで食べる

図3-29　スフレの食べ方

と胡椒，ナツメグを加える。さらに別のボウルで泡立てておいた卵白2個分を加える。

スフレを入れて焼く容器には，予め軟らかくしたバターを刷毛で容器の上の縁までたっぷりと塗り，内側に粉を振った後，トンと板の上に逆さにして余分の粉を落としておく。上の縁までバターを塗っておかないと加熱して膨化したときに，熱くなった容器に焼き付いて均等に浮き上がらないからである。

その容器に生地を入れ，200℃のオーブンで焼くとチーズスフレの出来上がり。

スフレはスポンジケーキとは異なり，ホワイトソース由来のわずかな小麦粉しかないので，卵白の気泡を保つための，小麦粉のタンパク質およびでんぷんで構成される骨格が少ないことになる。

それゆえ，オーブンから出

して温度が下がり卵白の気泡が収縮すると、膨化した生地も収縮してしまう。そのため、スフレの専門店ではすぐに食べてもらえるように、お客のタイミングを見計らってスフレを出す。お客を待たせても、スフレを待たせてはいけないのである。某専門店ではテーブルに「出来上がったらすぐ食べられるように席を離れないで下さい」と書いてあった（図3-28）。

●ジャガイモのスフレ

ジャガイモのスフレというと、マッシュポテトに泡立てた卵白を加えて膨らませたもので、料理の付け合わせにする。

マッシュポテトはジャガイモの中でも粉質のもの、例えば、男爵のようなでんぷん含有量の多いイモが適している。これを茹でてでんぷんを充分糊化させ、裏ごしして細胞をばらばらに分ける。新ジャガイモでは細胞膜、細胞壁が弱いので、裏ごしするときに細胞が壊れることがあり、でんぷんが細胞の中から外に出て粘りが出るので適当ではない。

細胞ごとにばらばらになるようにするために、イモが熱いうちに裏ごしをする。調理実習で学生に注意する点の一つである。イモが冷めると細胞間の接着が強くなり、裏ごしするときにどうしても力をかけることになる。そうなると細胞がこわれ、でんぷんが細胞から外に押し出され、粘りが出てしまう。

細胞同士を接着しているのは細胞壁、細胞間にあるペクチンの鎖で、加熱によって鎖が切れ、イモが熱いうちは鎖が切れて流動性があるために細胞が容易に離れる。冷めるとペクチンの流動性は弱くなり、離れにくくなるからである。

これにバター, 牛乳, 卵, 塩, 胡椒などを加えてジャガイモのピュレとする。さらに, 泡立てた卵白を加えて焼くと, 卵白の気泡が膨張してスフレとなる。

●もう一つのジャガイモのスフレ (ポム・スフレ)

ところが, やはりジャガイモのスフレというポテトチップが膨化したようなものがある。こちらも料理の付け合わせではあるが, フランス語でいうと, 前者はsoufflé de pomme de terreで, 後者は pomme (de terre) sufflée というのだそうである。その, 後者のジャガイモのスフレであるが, 薄く切ったジャガイモを油で揚げて, 中央部をまるでラグビーボールのように膨化させたものである。下手をするとうまく膨らまない。プロの料理人は経験によってうまく作る方法を体得しているが, そこまで腕のない人でも成功率を高めるための条件を検討した研究がある[21]。

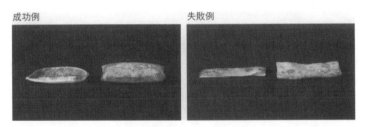

図3-30 ジャガイモのスフレ　何れも左側は断面

---

21 小川久恵　ほか：調理科学, 17, 38 (1984)

●ジャガイモのスフレを成功させる条件

　まず,ジャガイモの種類について,メークイン,男爵,エニワ,農林1号の4種を比較した。この中ではメークインの成功率が最も高いことがわかった。男爵および農林1号はペクチン,特に不溶性の塩酸可溶性ペクチンが多く,加熱しても細胞間が離れにくく,スフレの膨化が妨げられる。

　また,イモのでんぷんの糊化特性もスフレの成功率に影響を与えることがわかった。

　アミログラフという,温度を上昇させながらでんぷんの粘度を測定する機器がある。この機器で測定すると,粘度が高まり始める糊化開始温度から,でんぷんはさらに粘りが強い糊状になるが,やがて,でんぷん粒は崩壊して粘度は下がってくる。

　4種のイモについて,糊化開始から最も粘度の高くなるまでの時間を測定すると,メークインが最も長いことがわかった。この時間はジャガイモが加熱中に膨化できる時間であり,メークインが加熱に際して膨化できる時間が最も長いことを意味している。

　ジャガイモの切り方については,体軸に平行に薄切りした方が,直角に薄切りするよりも成功率は高くなった。

　このとき,厚さは,5mmで成功率が高いのであるが,膨化したときの壁の上下の厚さが不均一になることから,3mmが適当であった。底面を長方形にしても楕円にしても成功率に変わりはなかった。

　よく,切ったジャガイモを水に浸けることがあるが,スフレ

を作るときは水には浸けずに、切ったジャガイモの表面の水気を拭き取るだけで充分であった。

●ジャガイモを揚げる条件

最後に、重要な加熱条件であるが、二度揚げをするために鍋を二つ用意する。一方の鍋の油の温度を115℃を下回らないように120℃に保つ。もう一方の鍋の油の温度は170℃に保つ。

まず、120℃の油の中でジャガイモを10分間揚げる。この時、ジャガイモは一旦膨らむが、鍋から取り出すとしぼんでしまう。10秒間油切りをした後、今度はもう一方の、170℃に保った油の鍋の中で1分間揚げる。ここでジャガイモは再び膨らみ、その形が固定される。これで、中は空洞で外側は固定されたスフレが出来上がる。

●ジャガイモのスフレ膨化のメカニズム

ジャガイモのスフレの膨化のメカニズムはシューと似ている。最初の120℃で揚げたときに、イモの細胞を接着する成分であるペクチンは流動性を持ち、細胞間は離れやすくなっている。このときイモのでんぷんは徐々に糊化し、粘弾性のある状態になっている。次の170℃の高温の加熱によって、イモの内部の水分は短時間のうちに蒸気となって蒸気圧を高める。その圧力でイモの膜状のでんぷんを押し広げるので、イモは蒸気を保ったまま広がって膨張する。

一方、イモの外側は高温の油で脱水されて徐々に外皮を形成し、硬化して、空洞が形成されるのである。

●シェフの見たフランスのポム・スフレ

　中村勝宏シェフがフランスでの修行中のことを綴ったエッセイ，"ポワルの微笑み"[22]を読んでいたら，なんとジャガイモのスフレのことが書かれていた。以下に引用する。

　「またここに来て初めて「ポーム・スフレ」というじゃがいものスフレにお目にかかった。日本にいるとき，料理書を見ながら試作したものの，どうしてもできなかったものである。

　これにはまず器具が違うことに驚いた。昔，日本のどこの家庭でも薪をくべ，鉄釜で米をたいたものだが，その鉄釜を楕円形にしたようなものを，ストーブの一角に穴をあけて据えてあった。その深い釜に油をたっぷり注いで，下からガスで火をつける。コツは火加減を見ながらその釜を手でゆすり，表面に小波を立たせつつ，楕円形に薄切りしたじゃがいもに空気をいれることである。最初は弱火で行い，二度目には強火で温度が上がっているところに投げ入れ，一気にゆすって膨らませる。

　うまくやればじゃがいもがラグビーのボールの形に見事に膨れ，少々の時間をおいてもしぼんでしまわない。そのコツをのみこむまで多少の時間はかかるにせよ「百聞は一見にしかず」。まさに実際に見ることの尊さを肌身で知った。」

　このような，外側が硬くなって，内側の蒸気を逃さずに保つことによって膨化させる，あるいは，失敗して破裂することは，調理の場面でしばしば見られる。

22　中村勝宏：ポワルの微笑み，p.42, 講談社（1993）

7 ビスケット・クッキー

　ビスケットもクッキーも，小麦粉を主な材料とし，油脂，砂糖，水，牛乳・乳製品その他を混ぜあわせた練生地を小型に成形し，焼いて水分を少なくした焼き菓子である。
　アメリカではクッキー，イギリスではビスケットと言われ，国によって呼び方が異なっている。アメリカではビスケットというのは軟らかいスコーンのようなものを言うそうである。
　日本ではビスケットはハードビスケットとソフトビスケットに分けられる。

●ハードビスケットとソフトビスケット，クッキー

　ハードビスケットはグルテンの多い小麦粉を使用し，グルテンの粘弾性を出すためにドウを寝かせる。グルテンの多い小麦粉ではドウは固くなり，膨化は抑制されるので，カリッとした食感で，脆さはあまりない。製品の表面に模様を彫り込んだり，火ぶくれを防ぐために穴を開けたりする。
　ソフトビスケットはハードビスケットより砂糖や油脂の配合量が多く，グルテンの少ない小麦粉を用いる。軽くサクサクした食感で，濃厚な風味を持つ。ソフトビスケットの中で小麦粉以外の副材料を多く配合し，風味に富むソフトな口当たりのものをクッキーと呼んでいる。
　これらは生地を捏ねることが空気を含ませることになり，そ

図3-31a　クッキー

の気泡が加熱によって膨張するので生地が膨化する。

　現在日本では「ビスケット類の表示に関する公正競争規約」で，クッキーは「ビスケット類の内，手作り風の外観を有し，糖分，脂肪分の合計が重量百分比で40％以上のもので，嗜好に応じ，卵，乳製品，ナッツ，乾果，蜂蜜などにより製品の特徴付けを行って風味よく焼きあげたもの」とされている。クッキーはビスケットに比べ食感の軟らかい，口どけの良い焼き菓子とされ，製品には形や風味などに特徴をもたせている。

●クッキーの材料配合と品質

　材料配合のうち，油脂の割合を多くするほど，クッキーは軟らかく，もろくなり，口どけも良くなるが，油染みが出るようになる。焼くと油脂が溶けて，固体である小麦粉や砂糖に対して潤滑油のような働きをするので，クッキーは拡がり係数が大

図3-31b　ビスケット

きくなり，横拡がりになる。また，油脂はグルテン同士の接触を妨げるので，グルテン形成は妨げられ，口触りがサクサクしたものになる。

　砂糖は甘みと適度な着色を与え，膨化を良くする。砂糖は通常，油脂とクリーム状に混合してから小麦粉と合わせるので，砂糖と油脂を混合するときに空気を抱き込み，気泡を多く含む生地になるからである。卵の泡立てに砂糖を加える場合も，砂糖が気泡を安定化させるので膨化が良くなる。

　砂糖は小麦粉のグルテン形成に必要な水を奪うので，グルテン形成もでんぷんの膨化も妨げる。しかし，砂糖の配合割合が多くなると，逆にクッキーは硬くなり，脆さと口どけは悪くなる。

　卵は風味を向上させるが，配合割合が多くなると，クッキー

の膨化は抑えられ,クッキーの拡がりは小さくなる。脆さや口どけは悪くなり,甘みも減少する。

一般に,全卵と卵白はクッキーを硬くし,卵黄は脂質と乳化性があるのでクッキーにしっとり感とコクを与える。

材料配合はクッキーの品質に影響を与える。

表3-5は小麦粉100gに対してバター30～60g,砂糖25～55g,卵15～45gの範囲で配合を変えて,官能評価や物性測定値に及ぼす影響について,相関を調べたものである[23]。

以上の結果をふまえ,官能評価から推定した好まれるクッキーの材料配合比が表3-6のように求められている[24]。

ほとんどのクッキーは砂糖と,油脂,卵を混ぜるときに含ま

表3-5 クッキーの品質に対する材料の影響(相関係数)

	項目	バター	砂糖	卵
官能評価	硬さ	− **	+ *	
	脆さ	+ **		
	口どけ	+ **		
	甘さ		+ **	− **
	総合評価	+ *		− *
拡がり係数		+ **		
膨化度			+ **	
油じみ		+ *		
破断応力		− **		
破断エネルギー		− **		+ *

+:正の相関,
−:負の相関
**:相関係数
　　0.75以上
*:相関係数
　0.50-0.74

(和田淑子,1988[23]より改変)

---

23 和田淑子:調理科学,21,257 (1988)
24 和田淑子 ほか:日本家政学会誌,34,609 (1983)

表3-6 官能評価から推定した好まれる材料配合[24]

小麦粉 (%)	バター (%)	砂糖 (%)	卵 (%)	合計 (%)
Ⅰ 40 (100)	28 (71)	23 (56)	9 (23)	100 (250)
Ⅱ 45 (100)	26 (58)	21 (46)	8 (18)	100 (222)
Ⅲ 50 (100)	29 (58)	14 (27)	7 (15)	100 (200)

( ) 内は小麦粉100gとした換算値

れる空気だけで膨張するが,ときには膨化剤を加えることもある。膨化剤として,炭酸水素ナトリウムと,そのアルカリ性を中和するために酸性剤を加える。特にハードビスケットでは,膨化剤を加えることが多いようである。

●ビスコット

ビスケットの語源はラテン語のBis（2度）Coctus（焼かれた）に由来すると言われている。もともと兵隊の糧食として日持ちをよくするために考案されたものと考えられる。

フランス語でbiscotteというと,パンを薄く切ってもう一度焼いたもので,油脂をほとんど含まない。水分が少なく保存性が高いので,買い置きして朝食にパンの代わりに食べることもある。甘みはついていないので,バターやジャム,蜂蜜などをつけたり,チーズを載せたりして食べる。

このビスコットにアイシングで甘みをつけたり,チョコレートでコーティングしたりすると,今,日本で流行っているラスクのようになる。

●アニスブレデル

フランスのストラスブールに住んでいる友人に聞くと,フランスの人たちは,クリスマスの前にはいろいろな種類のクッキーを作る。その一つに,anisbredeleがある。ちなみにbredeleとは,アルザス地方の言葉で,クリスマス用のクッキーの総称ということである。

材料は卵と砂糖,小麦粉,アニス(西洋茴香)シードで,油脂は含まない。直径3cmぐらいで高さが1.5cmぐらい。丸いハードビスケットが帽子をかぶっているような形をしている。軸の短く太いマッシュルームとでも言うような形である。甘く,水分が少なく,硬いので保存性の高いお菓子である。

●アニスブレデルの作り方

作り方は先ず砂糖と卵をかなり時間をかけて撹拌し,砂糖を充分溶かしながら固く泡立てる。そこに小麦粉とアニスを加え混ぜて生地を作る。天板に油を敷き,小麦粉を振ってから,生地をスプーンで置いたり,絞り出したりする。

このまま焼くとただのクッキーであるが,anisbredeleはそのまま一夜放置する。そうすると,絞り出した時は生地はこんもりと丸い形をしているが,翌日には上部の丸い表面は気泡が消えて乾き,内部は柔らかい状態になっている。

これを,150℃ぐらいで10分間焼くと,2層に分かれ,上半分は白いメレンゲで,下半分はやや焦げ色がつき硬いクッキーのようになる。

図3-32　Christmas in Alsaceに掲載されているアニスブレデル

生地の放置時間が短いと2層に分かれず、下半分がうまく出来ない。放置する間に、表面は乾燥し、内部は生地もまだ軟らかく、気泡も残っているので焼いている間に生地が膨化する。上に向かって膨張した生地は、表面の乾燥した部分を押し上げる。下に向かって膨張した生地はマッシュルームの軸のような部分を形成すると考えられる。

　試しに出来上がったanisbredeleの断面を見ると、メレンゲの部分はほとんど膨化せずに上半分の周囲を取り巻いている。内部のクッキー部分には大小の気泡がある。この部分が膨化して中央が高くなり、上半分の形はマッシュルームの傘のようになり、下半分はマッシュルームの軸のようになる。なんだか可愛らしいお菓子である。

図3-33a　アニスブレデル　焼く前

図3-33b　アニスブレデル　出来上がり
(中谷圭子氏製作)

第4章
揚げ加熱による膨化

揚げて外皮を硬化

1 ドーナツ

　ドーナツは，小麦粉に砂糖，卵，バター，牛乳，膨化剤などを合わせたドウを，油で揚げて膨化させる，昔から食べられているおやつの一つである。リング状，長い棒状のドウをねじったもの，丸いものなどいろいろあり，中に餡やジャムを入れたもの，外に砂糖衣などをかけたものなどもある。

　長尾精一氏[1]によると，リング状のドーナツの穴の由来については二つの説があるとされている。

　一つは，イギリスの清教徒がメイフラワー号に乗ってアメリカに向かう途中，オランダに立ち寄り（方向が違うような気がするが），そこで"オーリック"あるいは"olykoeks"と呼ばれる揚げたボール状のもので，真ん中にクルミをのせた菓子の作り方を覚えた。アメリカにはクルミがなかったので，代わりに中央に穴をあけて油で揚げたといわれている。中央の穴がクルミの代わりとはどうも理解できないのであるが。

　もう一つは，19世紀中頃，グレゴリー某船長が子供の頃，母親が作ってくれたものが中心部まで火が通っていなかったので，真ん中をくりぬいて揚げてもらったのが始まり，という説である。なかなか頭の良い子である。

1　長尾精一：小麦粉利用ハンドブック，p.290，幸書房（2011）

●2種のドーナツ

ドーナツは大きく分けると、ケーキドーナツとイーストドーナツがある。

ケーキドーナツには亀裂があり、イーストドーナツには亀裂がない
図4-1　ケーキドーナツ（オールドファッション）（左）とイーストドーナツ（右）

ケーキドーナツはベーキングパウダーで膨化させ、イーストドーナツはイーストで膨化させる。

ケーキドーナツはイーストドーナツに比べ締まっていて、サクサクした口触りがおいしいドーナツである。一般にオールドファッションという名称で売られている。イーストドーナツは文字通り軟らかく、サクサクというよりふわっとした、しかも歯切れの良い口触りである。

●ケーキドーナツの膨化

ドウを加熱している間に膨化剤より発生する二酸化炭素や、混捏時に取り込まれた空気による膨張が起こり、ドウの体積が

増加するところは,他の小麦粉の膨化調理と同じである。ただ,油と接している表面部分が急速に硬化するところがドーナツの特徴である。あまり早く表面が硬化すると,それ以上膨化出来なくなるので,それではテクスチャーが好ましくない。そのため,揚げる油の温度は他の揚げ物(170〜180℃)より最初は低く(160℃)設定しておいて表面の硬化を遅らせ,ドウの膨化のための時間を作る。

リング状のケーキドーナツを見ると,ドーナツの上面,内側の側面,外側の側面のいずれかに亀裂が入っている。女子大学生に対する官能評価によると,亀裂のないものより,適度な大きさの亀裂のある方がドーナツとして好ましいと評価された。

●ケーキドーナツの亀裂

ケーキドーナツの亀裂に関しては長尾慶子氏[2]の一連の研究があるので,以下に紹介したい。

揚げ加熱中にドウの表面では揚げ油の高温でドウから脱水が起こり,表面が硬化する。一方ドウの内部では,初めはグルテンの変性もでんぷんの糊化も徐々に起こり,ドウは膨化剤から発生する気泡が成長するので膨張が続いている。初めは表面が硬化していないので,ドウの膨張に伴って外皮ものびていく。やがて外皮が硬化すると,ドウ内部では膨張しようとしても,硬化した外皮によって,膨張しようとする内部の圧力は押さ

---

2 長尾慶子 ほか:日本調理科学会誌,27,25(1994);日本家政学会誌,45,211,533(1994)

込まれることになる。内側から外に向かって膨張しようとする内部圧と、硬化した外皮表面の応力としての圧力とのせめぎ合いが起こることになる。内部圧が外皮表面の圧力より強くなると、外皮には亀裂が入って内部の圧力を逃がすしかない。これがドーナツの亀裂となって製品に残っているのである。

通常の大きさのケーキドーナツの場合、亀裂は曲率が大きい（つまりより湾曲の強い）部位には起こりにくく、曲率が小さい（つまりフラットに近い）部位には起こりやすいことがわかっている。亀裂の発生する、即ち曲率の異なる部位の生成はケーキドーナツの材料配合にも影響される。

●亀裂のないドーナツ

イーストドーナツでは亀裂は起こらない。生地は油で揚げる前にすでに膨化しているので、亀裂が入るほどの内部圧の高まりがないからである。また、生地は軽いため、揚げ油に浮くので、揚げている途中でひっくり返す。そのため、油に接触する時間の短い側面に白いリングができる。

直径も高さも小さいドーナツも市販されているが、これらには亀裂はない。揚げ加熱中の生地の膨張は、表面積は半径の2乗に、体積は半径の3乗に比例する。それゆえ、半径が小さくなるに従い、単位表面積当たりの体積は小さくなるため、亀裂は起こらない。

2 かりんとう

かりんとうは昔なつかしい駄菓子の一つである。

遣唐使によって唐菓子がもたらされたときに、その中に、米や豆の粉のミックスを油で揚げたものがあったようで、これがかりんとうの元祖かも知れない。もっとも、かりんとうらしい形の元祖は江戸時代中期に作られたとか、1800年代に深川の名物としてかりんとうが流行したとかで、とにかく、江戸時代には、かりんとうはすでに食べられていたことがうかがえる。

図4-2　かりんとう

現在もかりんとうは黒砂糖の他、ピーナツ、アーモンド、ゴマなどのコーティングされたものが売られており、その素朴な味で、人気がある。

●かりんとうの破裂

かりんとうは、小麦粉に粉の50％ぐらいの水を加えて捏ねたドウを油で揚げた菓子で、空洞が沢山ある。

もしも、このドウに砂糖や油脂、卵等の副材料を加えずに、あるいは膨化剤を加えずに、油の中に入れて揚げるとどうなる

だろうか。

　もう，故人となられた筆者の恩師，松元文子先生は，太平洋戦争後の食糧が不足しているなかで，かりんとうの実験を行った[3]。このとき，当時，貴重品であった砂糖を節約しようと，砂糖なしで（副材料なしで）ドウを捏ねて揚げたという。そうしたら，揚げている途中で，ものすごい音とともに，かりんとうが天井まで飛び上がったそうである。このときは非常に危険を感じたということであった。

　同じドウを一旦蒸してから揚げると，破裂は起こらない。

　蒸してから揚げたドウと，蒸さずに揚げたドウ（普通ドウ）を比べると，蒸したドウの方が膨化は遅く，膨化度は小さく，普通ドウに見られた外皮の形成は見られなかった。これは，蒸しドウは水和の状態が変わり，揚げ始めに脱水しにくく，ドウの吸油量が少ないため，外皮が形成されないからと考えられる。

　普通ドウでは揚げ加熱中の温度上昇に伴い，内部の気泡の中に水蒸気が蒸発して，ドウの体積が増加する。一方，外皮はドウの膨張に従って伸びることが出来ればよいのであるが，油の高温によって硬い外皮が形成されると，伸びることは出来なくなる。内部からの膨圧を支えきれなくなると外皮が破裂する。

　油の中で揚げる場合，蒸したり，オーブンで加熱したりする場合に比べ，食品の温度の上昇は速い。したがって，ドウの外側のでんぷんの糊化とグルテンの変性が急激に起こり，外皮の

3　松元文子：食べ物と水，p.105，家政教育社（1988）

形成も，ドウの膨張も急速に起こるために爆発は起こると考えられる。

なお，かりんとうは1989年に日本農林規格（JAS）が適用されている。

3 油条

中国料理に油条（北京語読みでヨウティヤオ，台湾語読みでユーチャオ）という，小麦粉ドウを揚げたものがある。直径5cmぐらいで，長さ30cmぐらいである。いわば細長いあげパンのようなものであるが，パン屋では売っていない。屋台で売っているので，そこで食べたり，家に持って帰って食べたりする。カリッと揚がった油条はそのまま食べてもサクサクしておいしいものである。

これを輪切りにして，お粥のトッピングにする。ちなみに中国のお粥は日本のお粥と違って米の形が完全には残っていない。パラパラしたインディカ米を煮るので，そのままでは粘りがほとんどない。日本のお粥はできるだけかきまぜずにサラサラの状態に仕上げ，米粒の形が残るようにして作るのに対して，中国の

図4-3　油条

お粥は、わざと米同士をこすりあわせて粘りを出すので、出来上がりの米粒は小さく崩れている。これはこれで、現地で食べるととてもおいしく感じる。

このお粥に、広東式では切った油条やザーサイ、豚の干し肉、ピータンなどをトッピングにして食べる。台湾式では、お粥とは別に油条を3cmぐらいに切り、醤油をつけて、お粥のつけあわせ、すなわち、おかずとして食べる。

油条を中心にして豚肉のでんぶ（そぼろ）をいれ、炊きたての糯米飯で巻き、湿らせた布巾で固く包んで形を整えたものを店頭で売っている。具が油条とでんぶで、海苔がない海苔巻きのようである。これをラップで包んで朝食として食べたり、持って帰ったりする光景も、台湾や上海で見かけた。

油条を半分に折って焼いた餅（ピン）で巻いて食べることもある。これだけでは喉が渇くので、必ず豆乳を飲む。焼餅油条（サオピンユーチャオ）と言って、これが最もポピュラーな食べ方だそうである。

図4-4　お粥と油条

●油条の作り方

さて、油条の作り方であるが、「中國餐点」[4]によると、材料は以下のように記されている。

```
強力粉：          600g
水：              375g
食塩：              5g
重炭酸ナトリウム：  6g
重炭酸アンモニウム：6g
ミョウバン：        6g
```

水，重炭酸ナトリウム，重炭酸アンモニウム，ミョウバンをあわせ，小麦粉を入れたボウルに周囲から回し入れる。これを軽く捏ね，15～20分ぐらい置いてから再び捏ねる。これを3～4回繰り返す。さらに，ラップを掛けて4時間以上寝かせる。

膨化したところでドウを幅7cmぐらい，厚さ0.3cmの帯状に延ばす。それを包丁で幅1cmに切る。従って，長さ7cm，幅1cm，厚み0.3cmのリボン状のドウとなる。このリボン状のドウを2枚重ね，長軸方向の中央をものさしのようなもので強く押して2枚をくっつける。

両端を手で持って引き伸ばしながら油の中に入れて揚げる。全体が均一に膨化するように，箸でくるくる回転させながら揚げる。このときドウが一直線に揚がるようにする。もしも曲がったりしたら誰も買わない。

揚げると重炭酸ナトリウムと重炭酸アンモニウムによって発生した二酸化炭素と，捏ねるときに抱き込んだ空気などによっ

4　黄淑恵　編著：中國飱点，p.145，味全食品工業股份有限公司（中華民國68年，1971）

て膨張し，長さ30cm，幅5cmぐらいの揚げドウとなる。

きつね色で香ばしく，外側はパリパリして内部は仕切りのある空洞である。細くて長い，まるでうまく空洞化ができなかったエクレアのようである。

4 油揚げ

日本人の食生活には大豆を原料とした多くの加工品がある。中でも油揚げは非常になじみ深い食品である。

そのまま焼いて食べたり，味噌汁，炒め物，煮物に入れたりする。いなりずしは油揚げがないとできない。

油揚げは木綿豆腐を作るところから始まる。

豆腐はまず，大豆を水に漬けて膨潤させた後，磨砕し，加熱して豆乳を作る。これに，にがり，あるいは塩化カルシウム，塩化マグネシウム，硫酸カルシウム，充填豆腐ではグルコノデルタラクトンなどの凝固剤を加えて豆乳を凝固させる。この凝固物は，大豆中の油滴とタンパク質が結合し，これらがネットワーク状に結合したものと考えられている。このネットワークの中に水が抱き込まれている。この水は圧縮すると容易に豆腐カードから排出される。

油揚げは木綿豆腐を薄く作るか，薄く切って圧搾し，水切りをする。このとき，挽いた大豆を加熱する温度，つまり豆乳の加熱温度を通常より控えめにし，また，凝固も通常より低めの温度で強く撹拌しながら行い，水分の少ない豆腐を作るという

ことである。

●油揚げの二度揚げ

これを油で揚げるのであるが，一度目は110〜120℃ぐらいの低温で，二度目は180℃で揚げる，二度揚げを行う。

揚げると体積はもとの3倍ぐらいに膨らむ。内部はスポンジ状である。このように膨化するのは，揚げることによって，まず表面が凝固硬化し始め，豆腐の中の水蒸気は外に逃げることなく，豆腐の中にあった微小な気泡の中に周囲から蒸発して，気泡を押し広げ，豆腐カードを押し広げるからである。

であるから，微小な気泡を多数豆腐の中に存在させなければならない。豆乳の加熱温度を高くすると溶解していた空気が失われるので，温度を低くし，また，凝固時の撹拌を強く行うことによって空気を豆腐の中に含ませるものと考えられる。

二度揚げの一度目は内部の気泡を膨張させ，二度目は外皮を固定するためと思われる。このような二度揚げはジャガイモのスフレと似ている。

新潟県長岡市栃尾地域で作られる栃尾の油揚げは，大きさは通常の2〜3倍，厚みも2cmから4cmという大きなもので，観光客にも人気があ

図4-5　栃尾あげ　上方に穴が開いている

る名物である。つるして油切りをするので穴が開いている。この地域は日本中で最も油揚げの消費量の多い地域だそうである。最近は首都圏でも見かけるようになっている。

●いなりずし

　いなりずしを作るには油揚げの外皮を破ることなく，うまく開いて中を一つの空間にしなければならない。家庭でいなりずしを作ろうとして，普通の油揚げを開こうとすると，どうしても外皮を破ってしまい，なんだか破れ衣を着たいなりずしのようになってしまう。まずは麺棒で上から数回伸ばして中のスポンジ構造を弱くしてから注意深く開かなければならない。

　日本中のいなりずし用油揚げの40％を生産しているメーカーの工場を見学させていただいたことがある。食品産業では家庭で油揚げを開くような悠長なことはしていられない。この工場では豆腐の作り方にもノウハウがあるが，最後の仕上げの段階で，厚みの部分に当たる側面に太い注射針を3本差し込んで空気を一気に吹き込んでいた。これで容易に油揚げを開くことが出来る。何だか，コロンブスの卵のような気がした。

第5章
蒸し加熱による膨化

オーブンよりも古くから伝わった蒸す料理

1　オーブン加熱と蒸し加熱

　パンを焼くにはオーブンが必要である。しかし，日本では，かつてオーブンはなかった。蒸し器なら鎌倉時代に饅頭を作るのに伝えられたので，蒸す調理はなじみがあった。

　オーブン加熱と蒸し加熱の違いは，まず，食品への熱の媒体が，前者は熱せられた空気による対流伝熱とオーブンの壁からの放射伝熱と天板からの伝導伝熱による。後者は主に100℃の蒸気が食品の表面で凝縮する際の潜熱と，わずかながら熱せられた空気による対流伝熱によることである。オーブン加熱の場合は庫内温度を通常250℃まで上げることがあるが，蒸し加熱の場合は100℃，あるいは圧力鍋でも120℃ぐらいである。

　オーブンの場合は食品の表面は乾燥し，焦げて重量が減少するのに対して，蒸し器では水蒸気に囲まれているので，乾燥もしなければ焦げることもない。したがって，焦げの風味がつくこともない。蒸し加熱で重量が減るのは，肉や魚が加熱によって収縮してエキス分を失う場合である。オーブン加熱，蒸し加熱，それぞれのおいしさがある。

　食品の温度上昇は放射伝熱の場合は高温の壁の熱エネルギーが，間に遮るものがなければ直接食品に伝えられる。対流伝熱では空気の分子が食品に衝突して熱を伝える。

　蒸し加熱では水蒸気が食品に衝突して熱を伝えるが，このとき，水蒸気は自分よりも温度の低い食品にぶつかると，潜熱を

与えて自分は水滴になる。空気が衝突して熱を伝えるよりも，潜熱の分だけ効率よく熱を伝えることができる。

同じ温度，例えば100℃のオーブンの中に短時間なら手を入れることが出来るのに，蒸し器の中には手を入れることが出来ないのはこのためである。

2 蒸して作る菓子

●蒸しパン・蒸しカステラ

蒸しパンはパン生地をオーブンで焼く代わりに蒸して作ったパンで，大正時代から昭和の初期にかけて流行した。

1917年（大正6年）田邊玄平の"最新麺麭製造法"には玄米飯と小麦粉を2：3の割合で混ぜた玄米パンが経済的で栄養価も高いと勧められている[1]。

オーブンで焼いたパンに比べ，クラスト部分（外側）もクラム（内側）も全体

図5-1　蒸しケーキと蒸しパン

1　江原絢子・東四柳祥子：近代料理書の世界，p.156，ドメス出版（2008）

が軟らかく仕上がる。しかし,当時は,出来立てはおいしいが,冷めた後の老化が速く,水分が多いために保存性はあまり高くなかった。

インターネットで見ると,蒸しパンは小麦粉,卵,牛乳,砂糖,ベーキングパウダー,バターを混ぜ,小さい型に入れて蒸し器で蒸して出来上がりである。さつまいも,果物などのほか,チーズやチョコレートなどバリエーションもいろいろである。やわらかく,幼児のおやつにもなる。

なお,和菓子は多くが蒸して作る。

蒸す和菓子は,饅頭類(上用・薯蕷まんじゅう類,薬まんじゅう類,酒まんじゅう類),蒸し羊羹,蒸しカステラ,ういろう,くず種物(葛桜,くず餅)に分けられる。

●中国料理の蒸し菓子

中国料理にも蒸して仕上げる点心がある。例えば,鶏蛋糕(ジータンガオ)と馬拉糕(マーラーカオ)がそれである。

カオというのは米粉を用いて作る菓子をいい,古くから中国で作られていた。おもに,カステラや,でんぷんのゲルで固めた羊羹のようなものを指すということである。

日本語の料理書では鶏蛋糕と馬拉糕のどちらも蒸しカステラとなっている。しかし,両者は外観もテクスチャーもやや異なっている。

まず,鶏蛋糕[2]であるが,材料は,上新粉,あるいは小麦粉

---

2 福永淑子:調理実習レシピ(2015)

あるいは両者の併用とする。卵白をしっかり泡立て，卵黄，砂糖，それに，予め豚の背脂をこまかくきざんで，砂糖をまぶしてバラバラにしておいたものを加える。さらに上新粉を混ぜて，円形または四角形の型にいれ，蒸し器に入れて強火で蒸す。膨化は卵白の気泡によるので，しっかり泡立てる必要がある。

図5-2a　ジータンガオ

上新粉を加えているので，もちもちした食感になる。

上新粉の代わりに小麦粉を使用する場合は，ベーキングパウダーを混ぜることもある。また，干しぶどう，落花生，干しアンズ，クルミ，松の実などを刻んで，混ぜることもあるし，ダイコンを細く千切りにして，赤や青に色を付けて上に飾ることもある。卵白あるいはベーキングパウダーで膨化させているので，外観は白い色をしている。

馬拉糕[3]の方はもっぱら小麦粉を材料とする。卵を泡立て，砂糖を加えてさらに泡立てる。牛乳，ラードまたはサラダ油，重曹を加え，さらに泡立てる。そこへ，小麦粉とベーキングパウダーをあわせ，篩を通したものを加えて生地ができる。型に入れ，蒸し器に入れて強火で蒸してできあがりである。

3　黄淑恵編著：中國餐点，p.22，味全食品工業股扮有限公司（中華民国68年，1971）

重曹が入っているので，そのアルカリ性によって，小麦粉のフラボノイド色素が茶色っぽく着色する。食べると重曹のフレーバーが感じられる。重曹による二酸化炭素の膨張を利用して

図5-2b　マーラーカオ

いるので，ふわふわしておいしいお菓子である。また，日持ちがする。

　次に述べる中華まんじゅうも含め，中国料理の菓子には蒸したり，フライパンで焼いたりする物はいろいろあるが，オーブンで焼く物はほとんどない。月餅と中国式パイぐらいだろうか。月餅は中国の旧暦8月の中秋の名月の頃にたくさん作り，近所中に配ったのがそもそもの始まりという。中国，台湾ではその時期だけ作るお菓子で，年中ある訳ではない。最も，今では観光土産物として年中手に入るようであるが。

●中華まんじゅう

　点心の一つであるが，菓子というより中国東北部では米の代わりの主食ともいうべき食べ物である。これも蒸して作る。小麦粉生地を膨化させるのは，ドウをこねる間に取り込まれた空気，自然発酵，ベーキングパウダー，イーストである。

　中に何も入れないものを饅頭（マントウ）といい，中に餡を入れると包子（パオツ）という。パオツという名前は蒸した形が，北方の遊牧民族の移動用住居である，包（パオ）に似てい

ることに由来するといわれている。

まんじゅうの中に肉あんを入れると肉包子という。入れる肉あんは，通常，豚ひき肉，長ネギ，生姜など，あるいはエビ，カニ，タケノコ，シイタケなどを炒めて調味したものなどがある。

豆沙包子は中に，こし餡にすりごま，ラードを混ぜたものを入れる。

上海の水産大学の教員用宿舎に泊めてもらったことがある。バイキング形式の朝食に饅頭があり，少し甘みがあり，とてもおいしくいただいた。

私が以前に神戸に行った時のことである。デパートで中華まんじゅうを買おうとして，店員に，中華まんじゅうの売り場はどこでしょう？とたずねたら，その店員は近くにいた店員と，「中華まんじゅうてなんのことやろ，豚まんのことやろか」と相談しているのを聞いてびっくりしてしまった。

よく，関西と関東では，肉じゃがの肉が違う（関西は牛肉，

図5-3　左から肉包子，豆沙包子，花巻（饅頭）

2　蒸して作る菓子

関東は豚肉を用いる家庭の割合が多い）とか、お雑煮の味付けが違う（関西は白味噌仕立てで、関東はしょうゆ仕立て）とか、言われるけれど、中華まんじゅうの呼び方も違うのだ。

第6章
ヤマノイモの泡

わが国独特の食べ方

1 ヤマノイモ

ヤマノイモというのは一般に里で栽培されているサトイモに対して，山野に自生するイモをヤマノイモといっていたが，現在では，ヤマノイモも栽培種と，野生種がある。また，ナガイモとヤマノイモは別種と書かれている事典もあるが，現在では混同して同じ扱いになっている[1]。

栽培種にはイモの形により，ナガイモ（長芋），ツクネイモ（つくね芋），イチョウイモ（銀杏芋），ヤマトイモ（大和芋）がある。ナガイモは細長く長さも50cmぐらいある。ツクネイモは塊状，イチョウイモは銀杏の葉に似て平たい形をしている。

ナガイモは生育が早く，水分が多く粘りはあまりない。ツクネイモとイチョウイモは粘りが強く"とろろ"にすると特有の口触りをよく味わうことができる。ヤマトイモは水分が少なく粘りが非常に強いので，高級料理や製菓材料になる品質の良いイモである。

野生種はジネンジョ（自然薯）とよばれ細長い形をしている。

---

1 星川清親 ほか：栄大選書，いも一見直そう土からの恵み，p.114，女子栄養大学出版部（1985）

ナガイモより細く長さは50cmぐらいである。古くから自生し，食用や薬用に利用されているが，アクが強くやや泥臭いフレーバーで，自然の山の味があるともいわれている。

それぞれ，目的に合せて用いる。

●ヤマノイモの生食

麦とろ，やまかけ，とろろそば，とろろ汁など，ヤマノイモをすりおろして"とろろ"にすると，特有のなめらかな口触りを味わうことができる。ヤマノイモを"とろろ"というような食べ方にするのは，どうやら，日本人だけかもしれない。

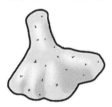

さらに，ヤマノイモをすりおろして膨化調理に用いる例も日本独特ではないだろうか。

中国料理ではヤマノイモは使うが，煮て，あるいは，煮たものを潰してお菓子の餡にして食べるだけで，すりおろして"とろろ"のように食べることはないそうである。

「中國食品辭典」[2]には，山薬が載っており，「薯蕷，薯薬ともいう。ナガイモ。ヤマノイモ科に属する蔓性の宿根植物で，利

2　田中静一ほか編著：中國食品辭典, p.63, 書籍文物流通会（1960）

用部は地下の塊茎部が主…一般に中國で山薬と呼ばれているものには家山薬と田薯がある，…山薬の類は＜神農本草＞（現在あるのは神農本草経であるが，中國食品辞典にはこのように書かれている）にも出てくる古い作物で古来中國では栄養豊富な食物として珍重され主として煮たり，揚げたりして用いる。日本のようにトロロにするかどうかについては不明であるが，中國の書物にはトロロ料理は出ていない」と記されている。

ヤマノイモには古くから滋養強壮などの薬効が知られていたが，近年，抗酸化性，血圧上昇抑制効果，インスリン感受性の上昇効果なども見いだされている。

● と ろ ろ

これらのイモを，おろしがね，あるいは，すり鉢の周囲にこすりつけながらすりおろし，さらにすりこぎで擂る。すりこぎで擂ることで撹拌されるので，一層空気が取り込まれ，その空気をヤマ

図6-1　と ろ ろ

ノイモの糖タンパク質が包んで，安定な細かい気泡が多数できる。その泡を含んだふわふわ，とろとろした食感を味わう食べ物が"とろろ"である。

イモの主成分はでんぷんで，でんぷんを多く含むイモ類を生

で食べることはほとんどない。加熱してでんぷんを糊化させてから食べるのが普通である。なぜか，ヤマノイモだけが，"とろろ"として加熱することなく，生のまま食べられる。

図6-2 麦 と ろ

かつて，ヤマノイモには強力なアミラーゼがあるから生でも食べられる，と言われていたが，どうもそうではない。ナガイモを調べた研究では，ナガイモはサツマイモなどに比べアミラーゼ活性は弱く，また，α-アミラーゼは含まれず，β-アミラーゼのみが分布するという報告がある[3]。

アミラーゼはグルコースが多数結合したでんぷんを切る酵素であるが，α-アミラーゼはでんぷんのα-1,4結合を不規則に切る酵素である。β-アミラーゼはα-1,4結合を端から2個ずつ（マルトース単位）切るが，α-1,6結合から先は切ることができない。この他に，でんぷんを分解する酵素にはα，β-グルコアミラーゼ，イソアミラーゼなどがある。

ヤマノイモは細胞壁の厚みが薄く，セルロースも少ないことから，生でんぷんがアミラーゼの消化をうけやすいために，生でも食べられると考えられている。

---

3 守康則 ほか：栄養と食糧，20，205（1967）

また，生で食べるとしても，すりおろして空気を多量に含んだ状態になっているので，量からするとそれほど多くないのかもしれない。

ヤマノイモの粘質物は糖タンパク質で，タンパク質は少ないながらリジンを多く含む。糖の組成はグルコースとフラクトースを含む粘質多糖である[4]。

粘質物は粘性と弾力性と曳糸性をもっている。そのため，"とろろ"を食べた時に感じる特有の口触りと外観を示す。

このような粘性と曳糸性，さらに，それに由来する起泡性は，膨化剤として応用されている。その例が，蒸しパン，かるかん，上用饅頭，がんもどきなどの和風の食べ物である。

●芋 粥

芥川龍之介の小説"芋粥"のいもはナガイモのことで，宇治拾遺物語の十八，利仁，芋粥のこと，を下敷きにしている。

利仁，芋粥のこと，は，小林智昭ほか，"完訳日本の古典"[5]，によると，ほぼ以下の様なあらすじである。

「今は昔，利仁の将軍がまだ若かった頃，主人の大臣就任を披露する大宴会をした。そのあとの残り物を侍達が食べたのであるが，その中に古参の五位の侍がいた。彼が芋粥をすすって舌打ちをして，「ああ，なんとかして芋粥を飽きるほど食べたいものだ」といった。それを利仁が聞き，「存分にごちそうし

---

4 岸田忠昭・福井美代：日本家政学会誌，17，133（1966）
5 小林智昭　ほか校注訳：完訳日本の古典，巻40，宇治拾遺物語，p.44，小学館（1989）

てあげましょう」といった。

　四,五日後に利仁が呼びに来て,お湯を浴びに行きましょうと言う。みすぼらしい衣服のまま馬に乗せられてついていくと,山科を過ぎ,粟田口を過ぎてもたどり着かない。三津の浜をすぎて,翌日の夕方になってようやくたどり着いたのが,敦賀の家であった。裕福そうで立派な様は比類がない。立派な寝具で寝ていると,明け方庭にはむしろの上に何本も芋が積まれ,五つ六つ釜を用意して味煎[6]（野生のつる性の植物である甘葛を加えて甘みをつけた水溶液）を注ぎ,芋をそぐようにして入れて煮えたぎらせた。

　芋粥が出来ました,と言われる頃には見ただけで腹一杯になってしまった。

　一ヶ月ばかり経って京に上った時には五位は普段着や晴れ着の装束や八丈絹や綿などをいくつももらい,鞍を置いた馬まで与えられ送り届けられた。

　身分は低いものだが同じ所に長年仕え続け,周りの人からも重んじられるようになった者には,たまたまこういうめでたい幸運に巡りあう者がいたのである。」

6　星川清親　ほか：栄大選書,いも一見直そう土からの恵み,p.118,女子栄養大学出版部（1985）

2 ヤマノイモの起泡性を利用した食品

ヤマノイモという素材を泡立てて,泡を味わい,また膨化剤として用いるというのは先人の残した日本の伝統的な食文化ということができる。

さらに,ヤマノイモをすりおろしたものを加えることによってソフトな口触りを味わう料理もある。かるかん,薯蕷蒸し,椀種あるいはしんじょ,はんぺん,がんもどきなど,さまざまな工夫を見ることができる。

図6-3a　かるかん

米粉や魚肉のすり身は小麦粉のバッターに比べると,かなり粘性も弾性も強そうであるが,これを膨化させるのであるから,ヤマノイモの気泡は卵白の気泡などに比べるとかなり,安定で丈夫な泡ではないかと思う。

図6-3b　かるかんまんじゅう

●かるかん

　鹿児島の名物の一つといえば"かるかん"である。江戸時代から作られていたが，現在では，鹿児島だけでなく宮崎，福岡など九州各地で作られているという。

　ヤマノイモの起泡性を膨化剤として利用したお菓子であり，ヤマノイモの品質がかるかんの品質の決め手と言われているが，粘りのある自然薯が適しているということである。

　まず，ヤマノイモをよくすり混ぜて空気を含ませる。砂糖と米粉（かるかん粉）を加えて混ぜる。かるかん粉はうるち米を水につけて水切りした後そのまま挽いた生新粉である。

　これを，蒸し加熱すると，米粉のでんぷんは糊化して伸びやすくなっているので，この糊化でんぷんが，加熱によって体積が膨張するヤマノイモの気泡を，逃すことなく包んで伸展する。その結果，米粉はスポンジ状に仕上がる。

　小麦粉のスポンジケーキなどとは異なる，やや粘着性と弾力のあるお菓子である。

　かるかんとは軽石のように軽い羹という意味とされている。

　棹物菓子のように四角く切ったものや，中に餡のはいった丸い饅頭状のもの（軽羹饅頭）などがある。

　自然薯（福島県産，里山自然薯）の凍結乾燥粉末を用い，蒸しパンを調製するときの条件を検討した研究がある[7]。

　好まれた撹拌時間は，自然薯凍結乾燥粉末に水を加え，1分

7　宮下朋子　ほか：日本調理科学会誌，46，153（2013）

あたり200回転の速度で10分間撹拌したものであった。これに，上白糖，微細米粉を加えて混合し，98℃で25分間蒸して自然薯蒸しパンとした。撹拌時間をこれ以上長くすると，過剰に入り込んだ空気が合一したり，外部に移動したりして，表面に凹凸が出来て好ましくなかった。

●薯蕷（じょうよ）まんじゅう

　上用粉と砂糖をまぜ，すりおろしたヤマノイモを加える。この生地で餡を包んだものである。

　上用粉というのは，搗精したうるち米を洗って粉砕し，乾燥させたもののうち，JIS規格200メッシュ以上の粒子の細かいものをいい，上新粉と区別している。上用粉はきめの細かい軟らかい生地を作ることができるので，高級和菓子に用いられる。

　まんじゅうの中でも，薯蕷まんじゅうやそばまんじゅうは，ヤマノイモと米粉で作るが，酒まんじゅうや，薬まんじゅうは小麦粉と膨化剤で作り，ヤマノイモは使わない。

　なお，まんじゅうは和菓子の代表的なもので，蒸しまんじゅうと焼きまんじゅうの2種類がある。日本食品工業学会編「新版食品工業総合辞典」によると，

　「蒸しまんじゅうは薯蕷まんじゅう類（上用まんじゅう，そばまんじゅう），酒まんじゅう類，かるかんまんじゅう類，薬まんじゅう類，中華風まんじゅう類がある。焼きまんじゅうはオーブンで焼くもので，カステラまんじゅう，栗まんじゅう，月餅類，ビスケットまんじゅうとその応用品」となっている。

●薯蕷蒸し

 白身魚の上にすりおろしたヤマノイモをのせて蒸した蒸し物である。

●がんもどき

 関東ではがんもどき（雁擬），関西ではひろうず，あるいはひりょうず（飛竜頭）という。

 日本経済新聞（2015年12月）によると，京都の西本願寺で，1月に行われる親鸞聖人の命日にちなむ法要「報恩講」で門徒らに供される定番の食事に登場する，とあった。

 豆腐の水を切って細かく潰し，そこへニンジン，ヒジキなど野菜類を細かく切ったものを混ぜる。また，刻んだエビやギンナンなどを混ぜる。がんもどきは豆腐が密に詰まっているよりも，少し空気がまざってふわっとしている方が，口触りもよくおいしいので，ここへすりおろしたヤマノイモを加える。丸めて油で揚げるが，最初は120〜130℃の低い温度で揚げて，内部を膨化させて多孔質にする。その後，表面を硬化させるために，170℃ぐらいの高温で揚げる。ヤマノイモの粘性はつなぎの役割もしている。

「広辞苑」によると，

 がんもどきは「雁擬氣，雁の肉に味を似せたものの意，油揚げの一種。昔は麩を油で揚げたもの。今のは豆腐を崩してつなぎにヤマノイモ，卵白などを加え，細かく刻んだゴボウ，ニンジン，ギンナン，アサの実などを混ぜて丸め，油で揚げたも

の。飛竜頭。がんも。」

　ひりょうずは「(飛竜頭) filhos　ポルトガルから。①粳米と糯米粉を等分に混ぜ，ゆでて油で揚げた食品。また，うどん粉に豆腐又は山芋のおろしたものを混ぜ，針牛蒡，木耳を包んで揚げた食品。②がんもどきの異称」とある。

　また，江戸時代に豆腐だけを素材に扱った料理書，"豆腐百珍"[8]という当時のベストセラーがあるが，そのなかに，"飛龍頭"がある。「豆腐の水をしぼってよく摺り，葛粉をつなぎに入れ，加料（薬味）に皮牛蒡の針切り，銀杏，木耳，麻の実を入れる。…加料を豆腐で包み，適当な大きさに丸め，油で揚げる。…市販のがんもどきにくらべ，野菜がたっぷり入り，しかも豆腐とまざりあっていないので，それぞれの味わいが活かされている。」と書かれ，ヤマノイモは使っていない。

　さらに，飛龍頭の説明として，「飛龍子。元は西洋の砂糖菓子のフィロウスという。後に豆腐料理の一種となった。『料理綱目調味抄』には「小麦粉に豆腐かおろし山芋を混ぜ，平めて針ごぼう，きくらげを包み，胡桃の大きさにして油で揚げる」とある。」と記されている。

　「現代ポルトガル語辞典」（白水社）をひくと，hilhó：オリーブ油で揚げたパンケーキ，とある。どうやら，起源はこのあたりにありそうである。

8　何必醇　原著，福田浩訳：豆腐百珍原本現代語訳, p.43, ニュートンプレス（1988）

●はんぺん

魚肉は加熱すると，凝固して液汁を分離し，もろく弾力のない状態になる。しかし，魚肉に予め2～3％の食塩を加えてから擂ると粘性のあるすり身ができる。このすり身から，各地の名産である蒸しかまぼこや，焼き

図6-4　はんぺん

かまぼこ，揚げかまぼこ，なると，ちくわ，かにかまぼこなど，種々の水産練り製品ができる。ちなみにすり身はSURIMIと英語として通用する共通語である。

このすりみに泡をまぜて，ふわふわした口触りに仕上げたものがはんぺんである。この泡は摺りおろしたヤマノイモによるものである。

ヤマノイモを泡立てる方法は卵白のように泡立て器で泡立てるのではなく，昔ながらのすり鉢とすりこぎである。すり身におろしがねで摺りおろしたヤマノイモを混ぜ，すり鉢とすりこぎでさらに擂って，空気を含ませる。ヤマノイモを5～10％混ぜることによってはんぺんの体積は2倍近くに増える。工業的には擂潰機で擂ってはんぺんを作る。

江戸時代には，東京湾でサメがたくさん獲れたそうである。サメの鰭はフカヒレにして，干しナマコ，干しアワビと共に長

崎貿易の俵物三品の一つとして，貴重な輸出品であった。しかし，ヒレをとった残りのサメの肉の方は顧みられなかったので，それを加工してはんぺんを作ったということである。であるから，はんぺんは江戸の名産ということができる。

アオザメ，ホシザメ，カスザメ，ヨシキリザメなどのサメ類を原料として，現在ではサメというよりスケソウダラなどのすり身を原料として，ヤマノイモ，（場合によっては卵白），調味料，でんぷんなどを加えてよくすり混ぜ，空気を含ませる。これを90℃ぐらいの熱湯で茹でて出来上がりとなる。

数年前に，日本橋の三越から100メートルぐらいの場所にある練り製品の老舗を見せていただいたことがある。なんと，そのビルの地下1階で，すり身から成形したはんぺんを茹でていたのには，ちょっとびっくりした。こんなところの近くまで江戸時代は海だったのだ。その店は創業元禄元年ということで，そうでないという証拠はどこにもない，とはダンディーな年配のご主人の言葉であった。

はんぺんは白くてふわふわしたテクスチャーがおいしいので，そのまま，あるいは，おでんだね，吸い物の種などとして賞味される。

なお，はんぺんという名前の由来は，お椀の蓋に半分ほどすり身を掬ったためであるとか，半円形をしていたのでちくわの断面に比べると，半分であったからなどといわれている。

●しんじょ

こちらは京都の名産で，白身魚のすり身にヤマノイモと卵白をまぜて空気を含ませ，茹でるか，蒸して仕上げたものである。元禄時代から作られていたそうである。原料の魚の種類により，たいしんじょ，えびしんじょなどと呼ぶ。そのまま，あるいは椀種として賞味される。揚げると揚げしんじょになる。

図6-5a　椀種のえびしんじょ

なお，"しんじょ"というのは，元来，米の粉とヤマノイモを合わせて作った練り菓子の名称ということである。また，

図6-5b　椀種の蛤しんじょ

ヤマノイモを使用せずに白身魚の落とし身に塩とでんぷんを加えてすり，成形して茹でたものを"しんじょ"ということもあり，これは，つみれとおなじである。現在ではヤマノイモを加えるよりでんぷんを加えることが普通のようである。

鶏つくねも同様に鶏のひき肉に卵とヤマノイモをまぜて楕円

形に成形して椀種とすることもある。

　前述の"豆腐百珍"[8]の中に，はんぺん豆腐というものが出てくる。福田浩氏の訳によると，「ナガイモをよく摺り，豆腐は水を絞る。同量の割合でよくすり混ぜ，丸く取り，美濃紙で包んで湯煮する。白玉豆腐という」と記されている。さしづめ，豆腐しんじょ，というところだろうか。

さくいん

あ行

- アーモンド·····94
- アイシング·····84
- アイスクリーム·····2, 22, 24, 56
- あく·····4
- 揚げ物·····54, 92
- 揚げる·····62, 78, 92, 93, 94, 95, 98
  100, 121, 122, 125
- 圧搾·····99
- アップルパイ·····56
- 圧力·····13, 78, 92, 93
- 圧力鍋·····104
- アニス·····85
- アニスブレデル（anisbredele）·····85
- 油揚げ·····99, 100, 101, 121
- 甘葛·····117
- 網目状構造·····34
- アミラーゼ·····115
- アミログラフ·····77
- アメリカ·····56, 80, 90
- アルコール·····33
- 泡立ち·····39
- 泡立て·····5, 35, 37, 39, 46, 72,
  73, 74, 75, 76, 82, 85
- 泡だて器·····9
- アワビ·····123
- 淡雪羹·····18, 19
- 餡·····28, 64, 90, 119, 120
- あんぱん·····28
- イースト·····5, 29, 33, 34, 35, 91, 93, 108
- イーストドーナツ·····91, 93
- イオン·····10, 12
- イギリス·····59, 80
- イタリアンメレンゲ·····15
- イチョウイモ·····112
- いなりずし·····99, 101
- 芋粥·····116, 117
- イル・フロッタント·····16
- インスリン·····114
- インディカ米·····96
- ウ・ア・ラ・ネージュ·····16
- ウィリアム・ブラックストン·····56
- ういろう·····106
- 宇治拾遺物語·····116
- 裏ごし·····75
- うるち米·····119, 120
- 粳米·····122
- 江川坦庵·····28
- エクレア·····99
- エニワ·····77
- 塩化カルシウム·····99
- 塩化マグネシウム·····99
- オーブン加熱·····27, 104
- オーリック·····90
- オールドファッション·····91
- お粥·····96, 97
- お雑煮·····110
- おでん·····124
- オヒョウ·····20
- オボアルブミン·····8, 10, 12
- オボグロブリン·····8
- オランダ·····90
- 折りたたみ式·····52, 53, 56, 61
- おろしがね·····114, 123
- 温度測定·····69, 72

か行

- 外皮·····66, 67, 78, 92, 95, 100, 101
- 界面活性·····6
- 界面張力·····6
- カオ·····106
- カスタードソース·····16, 17
- カスタードプディング·····4, 59
- カステラ·····42, 44, 45, 47, 48, 49, 50, 51
- ガス抜き·····30, 34

ガスパリーニ	8
硬さ	2, 3, 21, 50, 61, 62, 83
鎌倉時代	104
可溶性	77
ガラスボウル	10, 12
かりんとう	94, 95, 96
かるかん	116, 118, 119
かるかん粉	119
軽羹饅頭	119
換水値	61
寒天	18, 19
寒天液	18
寒天ゲル	18
広東式	97
官能評価	83, 84, 92
がんもどき	116, 118, 121, 122
機械耐性	31
気孔	31, 32, 36, 37, 38, 39
気泡核	33, 61
気泡数	32, 33
起泡性	10, 116, 118, 119
気泡膜	32, 33
木村安兵衛	29
牛乳	41, 59, 61, 73, 76, 80, 90, 106, 107
吸油量	95
凝固剤	99
凝集性	50
凝縮	104
強力粉	62
曲率	93
魚肉	20, 118, 123
キリスト教	42
キルシュ	24
亀裂	91, 92, 93
空気の膨張	4
空洞	36, 60, 65, 66, 67, 68, 69, 70, 71, 78
葛粉	122
くず種物	106
口どけ	81, 82, 83
クッキー	80, 81, 82, 83, 85, 87
クラスト	34, 105
グラタン	35
クラム	34, 105
グランマルニエ	24
クリーム	65, 66, 82
クリーム煮	58
クリスマス	85
グルコース	115, 116
グルコノデルタラクトン	99
グルテン	31, 32, 33, 34, 35, 39, 66, 70, 80, 82, 92, 95
グルテン膜	32
クルミ	90
クレープ	60, 61
グレゴリー某	90
黒砂糖	94
ケーキドーナツ	91, 92, 93
血圧上昇	114
月餅	108, 120
ゲル	18, 19, 21, 106
現代ポルトガル語辞典	122
遣唐使	94
玄米パン	105
元禄時代	125
抗酸化性	114
麹	29
子牛の胸腺肉	58
公正競争規約	81
酵素	33
酵母	29, 30, 31
コーティング	84, 94
コーラ	2
コーンスターチ	21
焦げ色	24, 34, 35, 85
胡椒	74, 76
ゴマ	94
米	28, 79
米粉	106, 118, 119, 120, 122
コラーゲン	19

さ行

ザーサイ	97
最終発酵	31
最新麺麭製造法	105

細胞	75, 78
細胞壁	75
細胞膜	75
サオピンユーチャオ	97
サツマイモ	115
サトイモ	112
サメ	123, 124
酸性剤	84
山薬	113, 114
鶏蛋糕	106
塩	30, 59, 72, 73, 76
直捏生地法	30, 31, 32
シナモン	56
ジネンジョ	112
脂肪	55, 60, 61, 81
絞り出し	61, 65, 67, 85
シャーレ	68, 69
ジャガイモ	38, 75, 76, 77, 78, 79
JAS	96
上海	97
シャンピニオン	58
シュー	34, 51, 55, 56, 57, 60, 61, 62, 64, 65, 66, 67, 73
シュークリーム	55, 65
重炭酸アンモニウム	98
重炭酸ナトリウム	98
酒石英	8
シュワシュワ感	3
蒸気	52, 54, 55, 69, 78, 79
蒸気圧	78
蒸発	52, 54, 69
上用粉	120
薯蕷まんじゅう	120
上用饅頭	116
薯蕷蒸し	118, 121
ショートニング	71
食塩	30, 59
食パン	30, 32, 34
食感	32, 34, 59, 80, 81
シロップ	15, 20

白身魚	121, 125
しんじょ	118, 125, 126
親水基	6
親鸞聖人	121
水蒸気	5, 52, 54, 55, 65, 67, 69, 95, 100, 104
スイスメレンゲ	14
水皮	62, 63
吸い物	124
水溶性画分	70
水和	95
スウピン	62, 64
スコーン	80
鬆立ち	34
スタニスラス・レクチンスキ	58
スチームオーブン	16
ステンレスボウル	10, 12
ストラスブール	34, 85
ストレート法	30, 32
スフレ（soufflé）	15, 22, 59, 72, 73, 74, 75, 76, 77, 78, 79, 100
スペイン	44, 50
スポンジケーキ	35, 36, 37, 39, 40, 47, 48, 55, 74
すりこぎ	114, 123
すり鉢	114, 123
すり身	20, 118, 123, 124, 125
清教徒	90
世界の食べ物北アメリカ	22
ゼラチン	14, 19, 20
ゼリー	19
セルロース	115
潜熱	104, 105
全卵	35, 45, 83
走査型電子顕微鏡	36
疎水基	6
疎水性成分	4
ソフトビスケット	80
そぼろ	97
ゾル	18, 19, 20

た行

第一膨張・・・・・・・・・・・・・・・・・・・・・・30
大豆・・・・・・・・・・・・・・・・・・・・・・・・・・99
第二膨張・・・・・・・・・・・・・・・・・・・・・・30
太平喜餅酒多多買・・・・・・・・・・・・43, 44
対流伝熱・・・・・・・・・・・・・・・・・・・・・104
多孔質・・・・・・・・・・・35, 39, 41, 65, 121
脱気・・・・・・・・・・・・・・・・・・・・・・・・・67
脱水・・・・・・・・・・・・・・・・・・78, 92, 95
田邊玄平・・・・・・・・・・・・・・・・・・・・・105
炭酸水素ナトリウム・・・・・・・・・・・・・84
男爵・・・・・・・・・・・・・・・・・・・・・・・・・77
断熱性・・・・・・・・・・・・・・・・・・・・・・・24
タンパク質・・・・2, 20, 35, 36, 37, 39, 74, 116
チーズ・・・・・・・・・・・・・・56, 73, 74, 84
中華まんじゅう・・・・・・・・・・・・108, 109
中國餐点・・・・・・・・・・・・・・・・・・・・・97
中国式パイ・・・・・・・・・・・・62, 64, 108
中國食品辞典・・・・・・・・・・・・・・・・・113
中性洗剤・・・・・・・・・・・・・・・・・・・・・71
中力粉・・・・・・・・・・・・・・・・・・・62, 71
チョコレート・・・・・・・・・・・・・・・・・・84
つくね・・・・・・・・・・・・・・・・・・・・・・125
ツクネイモ・・・・・・・・・・・・・・・・・・・112
つみれ・・・・・・・・・・・・・・・・・・・・・・125
テーリング・・・・・・・・・・・・・・・・・70, 71
テクスチャー・・・・・・3, 34, 39, 92, 106, 124
テクスチャーアナライザー・・・・・・・・・50
デザート・・・・・・・・・・・・14, 15, 21, 22, 24,
                    56, 65, 72, 73
鉄釜・・・・・・・・・・・・・・・・・・・・・・・・79
点心・・・・・・・・・・・・・・・・・・・106, 108
伝導伝熱・・・・・・・・・・・・・・・・・・・・104
天板・・・・・・・・・・・・・・・14, 65, 85, 104
でんぶ・・・・・・・・・・・・・・・・・・・・・・・97
でんぷん粒・・・・・・・・・・・・・・37, 38, 77
ドウ・・・・・・・・・・52, 53, 54, 55, 62, 80, 90
                    91, 92, 94, 95, 96, 98
等温圧縮率・・・・・・・・・・・・・・・・・・・13
唐菓子・・・・・・・・・・・・・・・・・・・・・・94
豆沙包子・・・・・・・・・・・・・・・・・・・・109
糖タンパク質・・・・・・・・・・・・・・114, 116
動的粘弾性・・・・・・・・・・・・・・・・・・・10
豆乳・・・・・・・・・・・・・・・・97, 99, 100
豆腐・・・・・・・・99, 100, 101, 121, 122, 126
豆腐カード・・・・・・・・・・・・・・・・99, 100
豆腐百珍・・・・・・・・・・・・・・・・122, 126
銅ボウル・・・・・・・・・・・・・・・・・・10, 12
ドーナツ・・・・・・・・・・・・・90, 91, 92, 93
ドーナツの穴・・・・・・・・・・・・・・・・・・90
溶かしバター・・・・・・・・・・・・・・・39, 40
栃尾あげ・・・・・・・・・・・・・・・・・・・・100
共立て法・・・・・・・・・・・・・・・・・・・・・35
トランスフェリン・・・・・・・・・・・・・・・・8
鶏ささみ・・・・・・・・・・・・・・・・・・・・・58
ドリッピング・・・・・・・・・・・・・・・・・・59
とろろ・・・・・・・・・112, 113, 114, 115, 116
とろろ汁・・・・・・・・・・・・・・・・・・・・113

な行

内部圧・・・・・・・・・・・・・・・・・・・・・・・93
ナガイモ・・・・・・・・112, 113, 115, 116, 126
長崎カステラ・・・・・・・・・・・・・・・44, 50
中種生地法・・・・・・・・・・・・・・・30, 31, 32
ナッツ・・・・・・・・・・・・・・・・・・・・・・・81
ナツメグ・・・・・・・・・・・・・・・・・・・・・74
生クリーム・・・・・・・・・・・・・・・・20, 21
ナマコ・・・・・・・・・・・・・・・・・・・・・・123
南蛮菓子・・・・・・・・・・・・・・・・・・・・・28
にがり・・・・・・・・・・・・・・・・・・・・・・・99
肉じゃが・・・・・・・・・・・・・・・・・・・・109
肉汁・・・・・・・・・・・・・・・・・・・・・59, 60
二酸化炭素・・・・・・・・・2, 5, 33, 91, 98, 108
二度揚げ・・・・・・・・・・・・・・・・・78, 100
日本農林規格・・・・・・・・・・・・・・・・・・96
煮物・・・・・・・・・・・・・・・・・・・・・・・・99
乳化剤・・・・・・・・・・・・・・・・・・・・・・・70
乳酸・・・・・・・・・・・・・・・・・・・・・・・・29
乳脂肪・・・・・・・・・・・・・・・・・・・・・・・54
乳製品・・・・・・・・・・・・・・・・・・・80, 81
熱伝導率・・・・・・・・・・・・・・・・・・・4, 24
練生地・・・・・・・・・・・・・・・・・・・・・・・80
練り込み式・・・・・・・・・・・・・・52, 53, 55

粘質多糖	116
粘性	2, 67, 116, 118, 121, 123
粘度	39, 77
農林1号	77
海苔	97

は行

ハードビスケット	80, 84, 85
バーナー	22, 24
パイ	52, 53, 54, 55, 56, 57, 58
包子	108, 109
薄層化	33
爆発	96
薄力粉	35, 46, 59
バターケーキ	41
バタースポンジ	41
蜂蜜	81, 84
発酵	30, 31, 33, 108
バッター	37, 38, 39, 118
パリ	57
破裂	79, 95
パンチ	30
パン・デ・ロー	44, 45, 46, 47
パンプキンパイ	57
はんぺん	118, 123, 124
ピータン	97
ピーナツ	94
ビール	2, 3
引き釜	47
挽肉団子	62
ビスケット	80, 81, 82, 84, 85
ビスコチョ	44
ビスコット（biscotte）	84
日野三郎	29
ピュレ	20, 76
表面張力	6
ひりょうず	121, 122
拡がり係数	81, 83
餅（ピン）	97
bouchée à la reine	57
ブーシェ・ア・ラ・レーヌ	57, 58
フードプロセッサー	20
フカヒレ	123
ふきこぼれ	4
豚まん	109
付着性	50, 51
物性	50, 51, 62, 83
プディング	59, 61
不溶性	77
フラクトース	116
フラボノイド色素	108
ブラマンジェ	21
フランス	34, 35, 56, 57, 65, 73, 76, 79, 84, 85
フランス食の事典	15, 20, 72
フランスパン	30, 32, 34
フロアータイム	31
フローズンフロリダ	24
分割	31
ベイクドアラスカ	22, 24
ベーキングパウダー	91, 106, 107, 108
ペースト	66, 68, 69, 70, 71, 72
ペクチン	75, 77, 78
別立て法	35
ホイップ	20
ほいろ	31
膨圧	95
報恩講	121
膨化剤	84, 90, 91, 92, 94
放射伝熱	104
膨潤	18, 19, 97
泡沫	2, 5, 12
ボウル	10, 12, 35, 46, 74, 98
ポーランド	58
干し肉	97
ボストン	56
ポテトチップ	76
ポム・スフレ（ポーム・スフレ）	76, 79
ポルトガル	28, 42, 44, 45, 46, 47, 50
ホワイトソース	57, 73, 74

ま行

馬拉糕	106, 107
マイリンゲン	8

磨砕	99
マシュマロ	14
マッシュポテト	75
マッシュルーム	85, 87
マドレーヌ	41, 58
マリ・レクチンスカ	58
丸め	31
饅頭（まんじゅう）	62, 104, 106, 108, 118, 120
饅頭（マントウ）	108, 109
ミートパイ	57
ミキシング	30, 31, 33
水飴	44, 50
水切り	99
水と油の交代	54
ミセル	6
味煎	117
味噌汁	99
ミネラルウォーター	2
美濃紙	126
ミョウバン	98
ムース	19, 20, 21
麦とろ	113, 115
蒸しカステラ	105, 106
蒸し加熱	104, 119
蒸し器	104, 105, 106, 107
蒸しパン	105, 106, 116, 119, 120
蒸しまんじゅう	120
蒸し羊羹	106
ムニエル	35
メイフラワー号	90
メークイン	77
メレンゲ	2, 8, 14, 15, 16, 17, 18, 19, 20, 21, 22, 24, 35, 87
麺棒	54, 101
餅	70
糯米	97, 122
木綿豆腐	99
脆さ	80, 82, 83

や行

焼き菓子	44, 80, 81
焼きまんじゅう	120
屋台	96
やまかけ	113
ヤマトイモ	112
ユーチャオ	96
油皮	64
油条	96, 97
湯煎	14, 20, 35, 40
油滴	99
羊羹	106
ヨウティヤオ	96
ヨークシャープディング	59, 60, 61

ら行

ライスプディング	59
ラード	62, 64, 107
ラスク	84
卵黄	35, 46, 73, 83, 107
リーテイルベーカリー	31
離漿量	10
リジン	116
流動性	36, 61, 69, 75, 78
料理網目調味抄	122
リンゴ	56
ルウ	71, 72
ルウ法	71
レモン	46
レモン汁	8
レモンパイ	57
連続気孔	37
老化	31
ローストチキン	35
ローストビーフ	59
ロレーヌ	57

わ行

ローラ・インガルス・ワイルダー	9
椀種	118, 125, 126

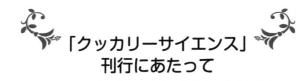
「クッカリーサイエンス」刊行にあたって

　人が健康を保ち快適に生きていくためには，安全で，栄養のバランスのとれた，美味しい食べ物が必要で，その決め手となるのが調理です。食べることで，会話がはずみ一緒に食べる人との連帯感が強まり，食事マナーを介して社会性も身につき，食にまつわる文化を継承させるなど，さまざまな役割を果たしています。その最終価値を決める調理の仕事は，人間生活のあり方に直結し食生活の未来にも大きくかかわっています。

　日本調理科学会は，このように人間生活に深くかかわる調理を対象として，自然科学のほか，人文・社会科学的な視点から，研究・啓発活動を続けています。

　1968（昭和42）年に，本学会の母体「調理科学研究会」が発足し，さらに1984（昭和59）年に「日本調理科学会」と名称を改め，2008（平成20）年に創立40年を迎えました。

　創立40周年を契機として，日本調理科学会員が各々の研究成果を1冊ずつにまとめ，高校生，大学生，一般の方々に，わかりやすく情報提供することを目的として，このシリーズを企画しました。身近で，知って得する内容満載です。生活と密接に関連のある調理科学がこんなにおもしろいものであることを

知っていただき，この分野の研究がいっそう盛んになり，発展につながることを願っています。

　2009（平成21）年
　　　　　　　　　　　　　日本調理科学会刊行委員会

- 2009（平成21）年から2011（平成23）年担当
  　畑江敬子（委員長），江原絢子，大越ひろ，
  　下村道子，高橋節子，的場輝佳
- 2012（平成24）年から担当
  　的場輝佳（委員長），市川朝子，大越ひろ，
  　香西みどり，河野一世，森髙初惠

著者
畑江 敬子（はたえ・けいこ）

- 兵庫県出身
- お茶の水女子大学大学院家政学研究科修士課程修了
  理学博士（上智大学）
- お茶の水女子大学（家政学部，生活科学部，大学院
  人間文化研究科）教授
- お茶の水女子大学名誉教授
- 2006-2012年和洋女子大学教授
- 2012-2016年昭和学院短期大学学長
- 日本調理科学会会長（2005-2009年），日本家政学会
  会長（2008-2010年），内閣府食品安全委員会委員
  （2006-2012年）
- 2016年より山崎製パン株式会社社外取締役

クッカリーサイエンス008
泡をくうお話 ―ふわふわ，サクサク，もちもちの食べ物―

2017年（平成29年）5月10日　初版発行

監　修	日本調理科学会
著　者	畑江　敬子
発行者	筑紫　和男
発行所	株式会社 建帛社 KENPAKUSHA

112-0011　東京都文京区千石4丁目2番15号
　　　　　TEL（03）3944-2611
　　　　　FAX（03）3946-4377
　　　　　http://www.kenpakusha.co.jp/

ISBN 978-4-7679-6191-0 C3077　　　亜細亜印刷／田部井手帳
©畑江敬子，2017.　　　　　　　　　　Printed in Japan.
（定価はカバーに表示してあります）

本書の複製権・翻訳権・上映権・公衆送信権等は株式会社建帛社が保有します。
JCOPY〈出版者著作権管理機構　委託出版物〉
本書の無断複製は著作権法上での例外を除き禁じられています。複製される
場合は，そのつど事前に，出版者著作権管理機構（TEL03-3513-6969,
FAX03-3513-6979, e-mail: info@jcopy.or.jp）の許諾を得て下さい。

日本調理科学会　監修
クッカリーサイエンスシリーズ 既刊

001 加熱上手はお料理上手
―なぜ？に答える科学の目―

横浜国立大学名誉教授　渋川祥子 著

168頁・口絵カラー2頁
定価（本体1,800円+税）

002 だしの秘密
―みえてきた日本人の嗜好の原点―

前お茶の水女子大学教授　河野一世 著

184頁・口絵カラー2頁
定価（本体1,800円+税）

003 野菜をミクロの眼で見る

広島大学名誉教授　田村咲江 著

160頁・口絵カラー2頁
定価（本体1,600円+税）

004 お米とごはんの科学

静岡県立大学名誉教授　貝沼やす子 著

160頁・口絵カラー2頁
定価（本体1,600円+税）

005 和菓子の魅力
―素材特性とおいしさ―

共立女子大学名誉教授　高橋節子 著

160頁・口絵カラー6頁
定価（本体1,800円+税）

006 科学でひらく ゴマの世界

元静岡大学教授
日本ゴマ科学会会長　福田靖子 著

144頁・口絵カラー2頁
定価（本体1,600円+税）

007 油のマジック
―おいしさを引き出す油の力―

お茶の水女子大学名誉教授
昭和女子大学名誉教授　島田淳子 著

160頁・口絵カラー2頁
定価（本体1,600円+税）